劉毅老師回答

1. 問： 我國中英文很好，上了高一以後，我對英文就沒興趣了。為什麼我讀不下課本？

答： 課文多改編自外國文章，有的單字已經過時，現在外國人都少用，如三民版第一冊的nuttiness (古怪)，moutza (灰燼)，這些艱深少用的單字，使你受盡挫折。你背了難的單字，反而忽略了常用的單字。

2. 問： 我該怎麼樣增加英文程度？

答： 高中課本和大學入學考試範圍是7000字，只要把7000字背得滾瓜爛熟，看到少數超出範圍的，你就不會害怕。因為一篇文章中，你不會的常用單字加上艱深的單字混在一起，你當然學習起來困難。

3. 問： 7000字我背不下來，怎麼辦？

答： 英文一字多義，沒有方法，很難背下來。所以我們編了「用會話背7000字」、「一分鐘背9個單字」、「時速破百單字快速記憶」，用盡方法讓你迅速背下來。

4. 問： 我背了7000字，不會用怎麼辦？

答： 「用會話背7000字」就是讓你背完馬上會用。如你背了：

Holy cow! （天啊！）
What a *coincidence*! （真巧！）
I wasn't *expecting* you. （我沒想到會遇見你。）

你就會 *holy, coincidence, expect,* 全部是7000字範圍內的單字。更棒的是，每句都在5個字以內，容易背，可主動說出。背的句子說出來、寫出來，都有信心。你一旦會說英文，就開始對學習英文有興趣了。有興趣的課程，學起來不累。

5. 問：我要如何增強閱讀能力？

答：我們有出版以7000字為範圍的升大學叢書。如：
「7000字克漏字測驗詳解」、
「7000字文意選填詳解」、
「7000字閱讀測驗詳解」、
「7000字學測試題詳解」。
不一定要等到高三，從高一就要開始讀。

6. 問：為什麼一定要讀以7000字為範圍的閱讀測驗？報章雜誌和課本的文章，不是都超出範圍嗎？

答：英文單字無限多，做了100份試題還是有80幾個生字，唯有題目在7000字範圍內，把常用的單字背熟，才會越做越有信心，才會進步。背熟後，再看報章雜誌和課本，就輕鬆了，碰到一些超出範圍的單字，不會影響到你的閱讀。

7. 問：我可不可以做歷屆試題？

答：大考中心在歷屆試題花了很大工夫，你可參照我們的「歷屆學測英文試題詳解」，附有勘誤表及出題來源，即使那麼重要的考試，仍然有錯誤，那一般的試題更不用說。

8. 問：我如何在月期考中得高分？

　答：把課本熟讀是必要條件，另外百分之五十
　　　課外，如建中，包含聽力測驗(20%)、字
　　　彙與片語(5%)、綜合測驗(25%)、文法選擇
　　　(5%)、文意選填(5%)、閱讀測驗(5%)、文
　　　意字彙(25%)需要拼字，翻譯(10%)，沒有
　　　經過訓練，英文再好，也很難高分。
　　　除了背單字以外，平常就要練習各種題型。
　　　「學習」有出版「高中英語聽力測驗」及
　　　「高中英語聽力測驗進階」。課外太多，
　　　最好的準備方式，就是大量閱讀以7000字
　　　為範圍的書。

9. 問：我要讀課本，又要背「高中常用7000字」，該怎麼兼
　　　顧？

　答：你可參加全國各單位舉辦的「高中英文單
　　　字大賽」，以考試為目標來激勵自己背單
　　　字，「背單字、領獎金，是人生美好的事」
　　　比賽成績有助於你進入理想大學。

10. 問：　還有什麼其他比賽？

　答：有「英文演講比賽」和「英文作文比賽」，報名參加，
　　　接受挑戰，只要參加就是勝利者，成功得到榮譽，失
　　　敗得到經驗。不斷參加，能督促你學英文。

11. 問： 我英文學那麼久，見到外國人不會說話怎麼辦？

答： 學校考課本，你又讀不下去，該怎麼辦呢？我們現在新研發的「用演講背7000字」，將課本內容改編成短篇演講稿，共27句，同學背了，會演講、會寫作文，也會說話。

下面是改編自「高一龍騰版第二冊第二課」的演講稿，你背完之後，不僅會讀課本，對你的身心都有幫助。

How to Beat the Blues
（如何克服憂鬱）

Ladies and gentlemen.	各位先生，各位女士。
Boys and girls.	各位男孩和女孩。
Teacher and students.	老師和同學們。
Have you ever felt down?	你有沒有曾經感到沮喪？
Do you have pressure at school?	在學校上學有沒有壓力？
Let me tell you how to beat the blues.	讓我來告訴你如何克服憂鬱。
First, exercise is a great start.	首先，運動是很好的開始。
Physical activities are the way.	運動就對了。
Jog, bicycle, or take a brisk walk daily.	要每天慢跑、騎腳踏車，或快走。
Second, eat fruits and vegetables.	第二，要吃蔬菜和水果。
Don't consume junk food.	不要吃垃圾食物。
Don't drink too much tea or coffee.	不要喝太多茶或咖啡。
Third, take a few deep breaths.	第三，做幾個深呼吸。
Controlled breathing can lower your blood pressure.	控制呼吸可降低你的血壓。
It will lighten your mood.	它能使你心情變輕鬆。
Fourth, get a proper amount of sunlight.	第四，要適度曬太陽。
It helps a lot when you are moody.	你心情不好時，會對你很有幫助。
It costs you nothing but does you good.	它不花一分錢，但對你有益。

Unit 1

同學跟著美籍老師
一起唸。

1. **press**[2] 〔 prɛs 〕 v. 壓
   oppress[6] 〔 ə'prɛs 〕 v. 壓迫
   suppress[5] 〔 sə'prɛs 〕 v. 鎮壓

   depress[4] 〔 dɪ'prɛs 〕 v. 使沮喪
   repress[6] 〔 rɪ'prɛs 〕 v. 鎮壓
   (= *suppress*[5])

2. **abandon**[4] 〔 ə'bændən 〕 v. 拋棄
   abbreviate[6] 〔 ə'brivɪ,et 〕 v. 縮寫
   abbreviation[6] 〔 ə,brivɪ'eʃən 〕 n.
   縮寫

3. **date**[1] 〔 det 〕 n. 日期；約會
   update[5] 〔 ʌp'det 〕 v. 更新
   intimidate[6] 〔 ɪn'tɪmə,det 〕 v. 威脅

   accommodate[6] 〔 ə'kɑmə,det 〕
   v. 容納；裝載 (乘客)
   accommodations[6]
   〔 ə,kɑmə'deʃənz 〕 n. pl. 住宿設備
   You are welcome to use our
   accommodations.
   歡迎使用我們的住宿設備。

4. **accord**[6] 〔 ə'kɔrd 〕 v. 一致
   accordance[6] 〔 ə'kɔrdn̩s 〕 n.
   一致
   accordingly[6] 〔 ə'kɔrdɪŋlɪ 〕 adv.
   因此
   according to 根據

5. **account**[3] 〔 ə'kaunt 〕 n. 帳戶
   accountant[4] 〔 ə'kauntənt 〕 n.
   會計師

   accounting[6] 〔 ə'kauntɪŋ 〕 n.
   會計
   accountable[6] 〔 ə'kauntəbl̩ 〕
   adj. 應負責的 (= *responsible*[2])

6. **minister**[4] 〔'mɪnɪstɚ 〕 n. 部長
   administer[6] 〔 əd'mɪnəstɚ 〕 v.
   管理
   administration[6]
   〔 əd,mɪnə'streʃən 〕 n. 管理；
   (美國的) 政府

7. **firm**[2] 〔 fɝm 〕 adj. 堅定的
   n. 公司
   affirm[6] 〔 ə'fɝm 〕 v. 斷言
   confirm[2] 〔 kən'fɝm 〕 v. 確認

8. **ally**[5] 〔 ə'laɪ , 'ælaɪ 〕 v. n. 聯盟
   alliance[6] 〔 ə'laɪəns 〕 n. 結盟
   reliance[6] 〔 rɪ'laɪəns 〕 n. 依賴

9. **alter**[5] 〔'ɔltɚ 〕 v. 改變
   alternate[5] 〔'ɔltɚ,net 〕 v. 使輪流
   alternative[6] 〔 ɔl'tɝnətɪv 〕 n.
   可選擇的事物；替代物
   You have no alternative.
   你沒有選擇。

10. **ambition**[3] 〔æm'bɪʃən〕*n.*
抱負
<u>ambiguous</u>[6] 〔æm'bɪgjʊəs〕
adj. 含糊的；模稜兩可的
<u>ambiguity</u>[6] 〔͵æmbɪ'gjuətɪ〕
n. 含糊

11. **bush**[3] 〔bʊʃ〕*n.* 灌木叢
<u>ambush</u>[6] 〔'æmbʊʃ〕*n.* 埋伏
<u>ambulance</u>[6] 〔'æmbjələns〕
n. 救護車

12. **successive**[6] 〔sək'sɛsɪv〕*adj.*
連續的
<u>excessive</u>[6] 〔ɪk'sɛsɪv〕*adj.*
過度的
<u>progressive</u>[6] 〔prə'grɛsɪv〕
adj. 進步的

13. **include**[2] 〔ɪn'klud〕*v.* 包括
<u>exclude</u>[5] 〔ɪk'sklud〕*v.* 排除

<u>inclusive</u>[6] 〔ɪn'klusɪv〕*adj.*
包括的
<u>exclusive</u>[6] 〔ɪk'sklusɪv〕*adj.*
獨家的

14. **comparative**[6]
〔kəm'pærətɪv〕*adj.* 比較的
<u>imperative</u>[6] 〔ɪm'pɛrətɪv〕
adj. 緊急的；必須的
<u>narrative</u>[6] 〔'nærətɪv〕*n.*
敘述；故事　*adj.* 敘述性的
*It is imperative that you
memorize these words.*
你必須背這些單字。
*The narrative began on Christmas
Day.* 這故事從聖誕節開始。

15. **selective**[6] 〔sə'lɛktɪv〕*adj.* 精挑
細選的
<u>reflective</u>[6] 〔rɪ'flɛktɪv〕*adj.* 反射的
<u>subjective</u>[6] 〔səb'dʒɛktɪv〕*adj.*
主觀的
<u>objective</u>[4] 〔əb'dʒɛktɪv〕*adj.*
客觀的

16. **respective**[6] 〔rɪ'spɛktɪv〕*adj.*
個別的
<u>perspective</u>[6] 〔pɚ'spɛktɪv〕*n.*
看法；觀點；洞察力
<u>prospective</u>[6] 〔prə'spɛktɪv〕*adj.*
有希望的；可能的
You have a good perspective.
你的觀點很正確。
*He has several prospective
opportunities.*
他有幾個可能的機會。

17. **solve**[2] 〔 salv 〕 v. 解決
    <u>dissolve</u>[6] 〔 dɪ'zalv 〕 v. 溶解
    <u>resolve</u>[4] 〔 rɪ'zalv 〕 v. 決定；決心

18. **specialize**[6] 〔'spɛʃəl,aɪz 〕 v. 專攻
    <u>socialize</u>[6] 〔'soʃə,laɪz 〕 v. 使社
    會化；交際
    <u>stabilize</u>[6] 〔'stebḷ,aɪz 〕 v. 使穩定

19. **vision**[3] 〔'vɪʒən 〕 n. 視力
    <u>visual</u>[4] 〔'vɪʒuəl 〕 adj. 視覺的
    <u>visualize</u>[6] 〔'vɪʒuəl,aɪz 〕 v. 想像
    I can visualize your success.
    我可以預見你的成功。

20. **general**[2] 〔'dʒɛnərəl 〕 adj. 一般的
    n. 將軍
    <u>generalize</u>[6] 〔'dʒɛnərəl,aɪz 〕 v.
    歸納

21. **generate**[6] 〔'dʒɛnə,ret 〕 v. 產生
    <u>generator</u>[6] 〔'dʒɛnə,retɚ 〕 n.
    發電機

22. **proof**[3] 〔 pruf 〕 n. 證據
    <u>fireproof</u>[6] 〔'faɪr'pruf 〕 adj. 防火的
    <u>waterproof</u>[6] 〔'wɔtɚ'pruf 〕 adj.
    防水的

23. **symbol**[2] 〔'sɪmbḷ 〕 n. 象徵
    <u>symbolize</u>[6] 〔'sɪmbḷ,aɪz 〕 v. 象徵
    <u>symbolic</u>[6] 〔 sɪm'balɪk 〕 adj.
    象徵性的

24. **mobile**[3] 〔'mobḷ 〕 adj. 可移動的
    <u>mobilize</u>[6] 〔'mobḷ,aɪz 〕 v. 動員
    mobile phone 手機

25. **utilize**[6] 〔'jutḷ,aɪz 〕 v. 利用
    <u>utility</u>[6] 〔 ju'tɪlətɪ 〕 n. 功用
    <u>utensil</u>[6] 〔 ju'tɛnsḷ 〕 n. 用具

26. **civil**[3] 〔'sɪvḷ 〕 adj. 公民的
    <u>civilize</u>[6] 〔'sɪvḷ,aɪz 〕 v. 教化
    <u>civilization</u>[4] 〔,sɪvḷaɪ'zeʃən 〕 n.
    文明

27. **outing**[6] 〔'aʊtɪŋ 〕 n. 出遊；郊遊
    <u>serving</u>[6] 〔'sɝvɪŋ 〕 n. 一人份
    <u>dumpling</u>[2] 〔'dʌmplɪŋ 〕 n. 水餃
    How was the outing? 玩得怎麼樣？

28. **coach**[2] 〔 kotʃ 〕 n. 教練
    <u>poach</u>[6] 〔 potʃ 〕 v. 水煮 (荷包蛋)；
    偷獵
    <u>cockroach</u>[2] 〔'kak,rotʃ 〕 n. 蟑螂
    poached egg 水煮荷包蛋

29. **clench**[6] 〔 klɛntʃ 〕 v. 握緊
    <u>wrench</u>[6] 〔 rɛntʃ 〕 v. 用力扭轉
    <u>quench</u>[6] 〔 kwɛntʃ 〕 v. 解 (渴)
    Water will quench your thirst.
    水會解渴。

30. **patch**[5] 〔 pætʃ 〕 n. 補丁
    <u>dispatch</u>[6] 〔 dɪ'spætʃ 〕 v. 派遣

31. **star**[1] 〔 star 〕 *n.* 星星
    starve[3] 〔 starv 〕 *v.* 饑餓
    starvation[6] 〔 star'veʃən 〕 *n.*
    饑餓

32. **outbreak**[6] 〔 'aʊt,brek 〕 *n.* 爆發
    daybreak[6] 〔 'de,brek 〕 *n.* 破曉
    breakup[6] 〔 'brek,ʌp 〕 *n.* 分手
    breakdown[6] 〔 'brek,daʊn 〕 *n.*
    故障

33. **setback**[6] 〔 'sɛt,bæk 〕 *n.* 挫折
    feedback[6] 〔 'fid,bæk 〕 *n.* 回饋；
    意見
    drawback[6] 〔 'drɔ,bæk 〕 *n.* 缺點
    This is a setback. 這是一項挫折。

34. **talk**[1] 〔 tɔk 〕 *v.* 說話
    stalk[6] 〔 stɔk 〕 *n.* (植物的) 莖
    v. n. 悄悄地靠近
    chalk[2] 〔 tʃɔk 〕 *n.* 粉筆

35. **residential**[6] 〔 ,rɛzə'dɛnʃəl 〕 *adj.*
    住宅的
    presidential[6] 〔 ,prɛzə'dɛnʃəl 〕
    adj. 總統的
    confidential[6] 〔 ,kɑnfə'dɛnʃəl 〕
    adj. 機密的

36. **incident**[4] 〔 'ɪnsədənt 〕 *n.* 事件
    incidental[6] 〔 ,ɪnsə'dɛntḷ 〕 *adj.*
    附帶的；偶發的

37. **ritual**[6] 〔 'rɪtʃʊəl 〕 *adj.* 儀式的；
    祭典的
    virtual[6] 〔 'vɝtʃʊəl 〕 *adj.* 實際上
    的；虛擬的
    punctual[6] 〔 'pʌŋktʃʊəl 〕 *adj.*
    準時的

38. **naval**[6] 〔 'nevḷ 〕 *adj.* 海軍的
    navel[6] 〔 'nevḷ 〕 *n.*
    肚臍 (= *belly button*)
    navy[3] 〔 'nevɪ 〕 *n.*
    海軍

navel

39. **realism**[6] 〔 'riəl,ɪzəm 〕 *n.* 寫實
    主義
    socialism[6] 〔 'soʃəl,ɪzəm 〕 *n.*
    社會主義

40. **nationalism**[6] 〔 'næʃənḷ,ɪzəm 〕
    n. 國家主義
    materialism[6] 〔 mə'tɪrɪəl,ɪzəm 〕
    n. 物質主義

反覆不斷地唸英文，加深單字記憶。

1. **press**[2]
oppress[6]
suppress[5]
depress[4]
repress[6]

2. **abandon**[4]
abbreviate[6]
abbreviation[6]

3. **date**[1]
update[5]
intimidate[6]
accommodate[6]
accommodations[6]

4. **accord**[6]
accordance[6]
accordingly[6]

5. **account**[3]
accountant[4]
accounting[6]
accountable[6]

6. **minister**[4]
administer[6]
administration[6]

7. **firm**[2]
affirm[6]
confirm[2]

8. **ally**[5]
alliance[6]
reliance[6]

9. **alter**[5]
alternate[5]
alternative[6]

10. **ambition**[3]
ambiguous[6]
ambiguity[6]

11. **bush**[3]
ambush[6]
ambulance[6]

12. **successive**[6]
excessive[6]
progressive[6]

13. **include**[2]
exclude[5]
inclusive[6]
exclusive[6]

14. **comparative**[6]
imperative[6]
narrative[6]

15. **selective**[6]
reflective[6]
subjective[6]
objective[4]

16. **respective**[6]
perspective[6]
prospective[6]

17. **solve**[2]
dissolve[6]
resolve[4]

18. **specialize**[6]
socialize[6]
stabilize[6]

19. **vision**[3]
visual[4]
visualize[6]

20. **general**[2]
generalize[6]

21. **generate**[6]
generator[6]

22. **proof**[3]
fireproof[6]
waterproof[6]

23. **symbol**[2]
symbolize[6]
symbolic[6]

24. **mobile**[3]
mobilize[6]

25. **utilize**[6]
utility[6]
utensil[6]

26. **civil**[3]
civilize[6]
civilization[4]

27. **outing**[6]
serving[6]
dumpling[2]

28. **coach**[2]
poach[6]
cockroach[2]

29. **clench**[6]
wrench[6]
quench[6]

30. **patch**[5]
dispatch[6]

31. **star**[1]
starve[3]
starvation[6]

32. **outbreak**[6]
daybreak[6]
breakup[6]
breakdown[6]

33. **setback**[6]
feedback[6]
drawback[6]

34. **talk**[1]
stalk[6]
chalk[2]

35. **residential**[6]
presidential[6]
confidential[6]

36. **incident**[4]
incidental[6]

37. **ritual**[6]
virtual[6]
punctual[6]

38. **naval**[6]
navel[6]
navy[3]

39. **realism**[6]
socialism[6]

40. **nationalism**[6]
materialism[6]

不斷地看中文唸英文，能夠專心，有助於做翻譯題。

1. 壓
   壓迫
   鎮壓

   使沮喪
   鎮壓

2. 拋棄
   縮寫
   縮寫

3. 日期；約會
   更新
   威脅

   容納
   住宿設備

4. 一致
   一致
   因此

5. 帳戶
   會計師
   會計
   應負責的

6. 部長
   管理
   管理；政府

7. 堅定的
   斷言
   確認

8. 聯盟
   結盟
   依賴

9. 改變
   使輪流
   可選擇的事物

10. 抱負
    含糊的
    含糊

11. 灌木叢
    埋伏
    救護車

12. 連續的
    過度的
    進步的

13. 包括
    排除

    包括的
    獨家的

14. 比較的
    必須的
    敘述；故事

15. 精挑細選的
    反射的

    主觀的
    客觀的

16. 個別的
    看法；觀點
    有希望的；
    可能的

17. 解決
    溶解
    決心

18. 專攻
    交際
    使穩定

19. 視力
    視覺的
    想像

20. 一般的
    歸納

21. 產生
    發電機

22. 證據
    防火的
    防水的

23. 象徵
    象徵
    象徵性的

24. 可移動的
    動員

25. 利用
    功用
    用具

26. 公民的
    教化
    文明

27. 出遊；郊遊
    一人份
    水餃

28. 教練
    水煮(荷包蛋)；
    偷獵
    蟑螂

29. 握緊
    用力扭轉
    解（渴）

30. 補丁
    派遣

31. 星星
    饑餓
    饑餓

32. 爆發
    破曉

    分手
    故障

33. 挫折
    回饋；意見
    缺點

34. 說話
    悄悄地靠近
    粉筆

35. 住宅的
    總統的
    機密的

36. 事件
    附帶的

37. 儀式的
    實際上的
    準時的

38. 海軍的
    肚臍
    海軍

39. 寫實主義
    社會主義

40. 國家主義
    物質主義

Unit 1 Exercise

※ 請根據上下文意，選出一個最正確的答案。

1. The bus can ＿＿＿＿＿ up to 35 passengers.

   (A) abbreviate　　　　(B) accommodate

   (C) oppress　　　　　(D) update　　　　　　　（　）

2. Some kitchen appliances have limited ＿＿＿＿＿.

   (A) utility　　　　　　(B) ambush

   (C) vision　　　　　　(D) civilization　　　　　（　）

3. A tall glass of cool water would ＿＿＿＿＿ your thirst.

   (A) intimidate　　　　(B) administer

   (C) starve　　　　　　(D) quench　　　　　　　（　）

4. Call an ＿＿＿＿＿ — this man is badly injured.

   (A) accountant　　　　(B) alliance

   (C) administration　　(D) ambulance　　　　　（　）

5. The boy was suspended from school for ＿＿＿＿＿ absences.

   (A) symbolic　　　　　(B) excessive

   (C) visual　　　　　　(D) prospective　　　　　（　）

6. Both women are successful in their ＿＿＿＿＿ fields.

   (A) inclusive　　　　　(B) exclusive

   (C) imperative　　　　(D) respective　　　　　（　）

7. If it rains tomorrow, we will have no _____ but to cancel the picnic.

   (A) perspective   (B) accordance

   (C) alternative   (D) ambition   (   )

8. It was impossible to tell from her _____ expression whether she was happy or not.

   (A) residential   (B) punctual

   (C) ambiguous   (D) accountable   (   )

9. Failing the safety inspection was only a temporary _____ for the pizza parlor.

   (A) coach   (B) symbol

   (C) utensil   (D) setback   (   )

10. Richard likes to gossip, so he can't be trusted with _____ information.

   (A) subjective   (B) reflective

   (C) fireproof   (D) confidential   (   )

【答案】

1. (B)	2. (A)	3. (D)	4. (D)	5. (B)
6. (D)	7. (C)	8. (C)	9. (D)	10. (D)

Unit 2

同學跟著美籍老師
一起唸。

1. **sodium**[6] 〔'sodɪəm 〕 n. 鈉
   calcium[6] 〔'kælsɪəm 〕 n. 鈣
   uranium[6] 〔 jʊ'renɪəm 〕 n. 鈾

2. **slum**[6] 〔 slʌm 〕 n. 貧民區
   asylum[6] 〔 ə'saɪləm 〕 n.
   政治庇護

3. **synonym**[6] 〔'sɪnə,nɪm 〕 n. 同義字
   antonym[6] 〔'æntə,nɪm 〕 n.
   反義字

4. **lava**[6] 〔'lavə , 'lævə 〕 n. 岩漿
   lavatory 〔'lævə,torɪ 〕 n. 廁所

5. **vegetarian**[4] 〔,vɛdʒə'tɛrɪən 〕 n.
   素食主義者
   veterinarian[6] 〔,vɛtərə'nɛrɪən 〕
   n. 獸醫 (= vet = animal doctor)
   veteran[6] 〔'vɛtərən 〕 n. 退伍
   軍人

6. **lay**[1] 〔 le 〕 v. 下 (蛋);放置
   layman[6] 〔'lemən 〕 n. 門外漢;
   外行人
   congressman[6] 〔'kɑŋgrəsmən 〕
   n. 議員

7. **metro** 〔'mɛtrə 〕 n. 地鐵
   (= Metro)
   metropolitan[6] 〔,mɛtrə'pɑlətn̩ 〕
   adj. 大都市的　n. 大都市居民

   cosmos 〔'kɑzməs 〕 n. 宇宙
   cosmopolitan[6]
   〔,kɑzmə'pɑlətn̩ 〕 adj. 世界性的;
   國際的

8. **attain**[6] 〔 ə'ten 〕 v. 達到
   detain[6] 〔 dɪ'ten 〕 v. 拘留
   retain[4] 〔 rɪ'ten 〕 v. 保留

9. **pension**[6] 〔'pɛnʃən 〕 n. 退休金
   suspension[6] 〔 sə'spɛnʃən 〕 n.
   暫停

10. **succeed**[2] 〔 sək'sid 〕 v. 成功;
    繼續
    concede[6] 〔 kən'sid 〕 v. 讓步

    succession[6] 〔 sək'sɛʃən 〕 n.
    連續
    concession[6] 〔 kən'sɛʃən 〕 n.
    讓步

11. **diverse**⁶ 〔 də'vɜs , daɪ- 〕 *adj.*
    各種的
    <u>diversify</u>⁶ 〔 də'vɜsə‚faɪ , daɪ- 〕
    v. 使多樣化
    <u>diversity</u>⁶ 〔 də'vɜsətɪ , daɪ- 〕 *n.*
    多樣性

12. **infer**⁶ 〔 ɪn'fɝ 〕 *v.* 推論
    <u>confer</u>⁶ 〔 kən'fɝ 〕 *v.* 商量；商議
    <u>refer</u>⁴ 〔 rɪ'fɝ 〕 *v.* 提到；參考；指
    conference *n.* 會議

13. **meter**² 〔'mitɚ 〕 *n.* 公尺
    <u>diameter</u>⁶ 〔 daɪ'æmətɚ 〕 *n.* 直徑
    <u>barometer</u>⁶ 〔 bə'ramətɚ 〕 *n.*
    氣壓計
    <u>thermometer</u>⁶ 〔 θə'mamətɚ 〕 *n.*
    溫度計
    thermos *n.* 保溫杯

14. **precede**⁶ 〔 pri'sid 〕 *v.* 在…之前
    <u>precedent</u>⁶ 〔'prɛsədənt 〕 *n.* 先例
    president *n.* 總統

15. **dictate**⁶ 〔'dɪktet 〕 *v.* 聽寫
    <u>dictation</u>⁶ 〔 dɪk'teʃən 〕 *n.* 聽寫
    <u>dictator</u>⁶ 〔'dɪktetɚ 〕 *n.* 獨裁者
    dict (= *say*) + ator (人)，「獨裁
    者」說話，旁邊的人要寫下來。

16. **senator**⁶ 〔'sɛnətɚ 〕 *n.* 參議員
    <u>narrator</u>⁶ 〔'næretɚ 〕 *n.* 敘述者；
    解說員

The narrator has a deep voice.
解說員有低沈的聲音。

17. **collect**² 〔 kə'lɛkt 〕 *v.* 收集
    <u>collector</u>⁶ 〔 kə'lɛktɚ 〕 *n.*
    收藏家

18. **contract**³ 〔'kantrækt 〕 *n.* 合約
    <u>contractor</u>⁶ 〔'kantræktɚ 〕 *n.*
    承包商

19. **fiction**⁴ 〔'fɪkʃən 〕 *n.* 小說
    <u>friction</u>⁶ 〔'frɪkʃən 〕 *n.* 摩擦

20. **diabetes**⁶ 〔‚daɪə'bitɪs 〕 *n.*
    糖尿病
    <u>diagnosis</u>⁶ 〔‚daɪəg'nosɪs 〕 *n.*
    診斷

    <u>tube</u>² 〔 tjub 〕 *n.* 管子
    <u>tuberculosis</u>⁶ 〔 tju‚bɝkjə'losɪs 〕
    n. 肺結核

21. **spontaneous**[6] 〔 spɑn'tenɪəs 〕
    adj. 自動自發的
    simultaneous[6] 〔ˌsaɪml̩'tenɪəs 〕
    adj. 同時的

22. **vice**[6] 〔 vaɪs 〕 *n.* 邪惡
    vicious[6] 〔'vɪʃəs 〕 *adj.* 邪惡的；
    兇猛的
    spacious[6] 〔'speʃəs 〕 *adj.*
    寬敞的

23. **victor**[6] 〔'vɪktɚ 〕 *n.* 勝利者
    victory[2] 〔'vɪktrɪ 〕 *n.* 勝利
    victorious[6] 〔 vɪk'torɪəs 〕 *adj.*
    勝利的

24. **fabric**[5] 〔'fæbrɪk 〕 *n.* 布料
    fabulous[6] 〔'fæbjələs 〕 *adj.*
    極好的

25. **miracle**[3] 〔'mɪrək̩l 〕 *n.* 奇蹟
    miraculous[6] 〔 mə'rækjələs 〕
    adj. 奇蹟般的

26. **attendant**[6] 〔 ə'tɛndənt 〕 *n.*
    服務員
    descendant[6] 〔 dɪ'sɛndənt 〕 *n.*
    子孫【ant 可表「人」】

redundant[6] 〔 rɪ'dʌndənt 〕 *adj.*
多餘的

27. **resistant**[6] 〔 rɪ'zɪstənt 〕 *adj.*
    抵抗的
    militant[6] 〔'mɪlətənt 〕 *adj.*
    好戰的

28. **contestant**[6] 〔 kən'tɛstənt 〕 *n.*
    參賽者
    pollutant[6] 〔 pə'lutn̩t 〕 *n.*
    污染物
    The next contestant is Tom Smith.
    下一位是參賽者是湯姆史密斯。

29. **implement**[6] 〔'ɪmpləˌmɛnt 〕 *v.*
    實施
    supplement[6] 〔'sʌpləˌmɛnt 〕 *v.*
    補充
    *The new rules will be implemented
    today.* 新的規定今天起實施。

30. **riot**[6] 〔'raɪət 〕 *n.* 暴動
    chariot[6] 〔'tʃærɪət 〕 *n.* 兩輪戰車

31. **eloquent**[6] (ˈɛləkwənt) *adj.*
雄辯的；口才好的
<u>delinquent</u>[6] (dɪˈlɪŋkwənt) *n.*
犯罪者

32. **socialist**[6] (ˈsoʃəlɪst) *n.* 社會主
義者
<u>naturalist</u>[6] (ˈnætʃərəlɪst) *n.*
自然主義者

33. **outlaw**[6] (ˈaʊt͵lɔ) *n.* 罪犯
<u>outlet</u>[6] (ˈaʊt͵lɛt) *n.* 精品折扣店
<u>outlook</u>[6] (ˈaʊt͵lʊk) *n.* 看法
<u>outfit</u>[6] (ˈaʊt͵fɪt) *n.* 服裝
He is an outlaw. 他是個罪犯。
Our outlooks are in accordance.
我們的看法一致。

34. **intimate**[4] (ˈɪntəmɪt) *adj.*
親密的
<u>intimacy</u>[6] (ˈɪntəməsɪ) *n.* 親密

35. **diploma**[4] (dɪˈplomə) *n.*
畢業證書
<u>diplomacy</u>[6] (dɪˈploməsɪ) *n.*
外交
<u>diplomatic</u>[6] (͵dɪpləˈmætɪk) *adj.*
外交的；有外交手腕的

<u>diplomat</u>[4] (ˈdɪplə͵mæt) *n.*
外交官

36. **pharmacy**[6] (ˈfɑrməsɪ) *n.* 藥房
<u>pharmacist</u>[6] (ˈfɑrməsɪst) *n.*
藥劑師

37. **liter**[6] (ˈlitɚ) *n.* 公升
<u>literal</u>[6] (ˈlɪtərəl) *adj.* 字面的
<u>literate</u>[6] (ˈlɪtərɪt) *adj.* 識字的
<u>literacy</u>[6] (ˈlɪtərəsɪ) *n.* 識字；
讀寫的能力

38. **efficiency**[4] (əˈfɪʃənsɪ) *n.* 效率
<u>deficiency</u>[6] (dɪˈfɪʃənsɪ) *n.*
不足
<u>proficiency</u>[6] (prəˈfɪʃənsɪ) *n.*
熟練；精通

39. **antibody**[6] (ˈæntɪ͵bɑdɪ) *n.* 抗體
<u>antibiotic</u>[6] (͵æntɪbaɪˈɑtɪk) *n.*
抗生素

40. **amplify**[6] (ˈæmplə͵faɪ) *v.* 放大
<u>simplify</u>[6] (ˈsɪmplə͵faɪ) *v.*
簡化

反覆不斷地唸英文，加深單字記憶。

1. **sodium**[6]
   calcium[6]
   uranium[6]

2. **slum**[6]
   asylum[6]

3. **synonym**[6]
   antonym[6]

4. **lava**[6]
   lavatory

5. **vegetarian**[4]
   veterinarian[6]
   veteran[6]

6. **lay**[1]
   layman[6]
   congressman[6]

7. **metro**
   metropolitan[6]
   cosmos
   cosmopolitan[6]

8. **attain**[6]
   detain[6]
   retain[4]

9. **pension**[6]
   suspension[6]

10. **succeed**[2]
    concede[6]
    succession[6]
    concession[6]

11. **diverse**[6]
    diversify[6]
    diversity[6]

12. **infer**[6]
    confer[6]
    refer[4]

13. **meter**[2]
    diameter[6]
    barometer[6]
    thermometer[6]

14. **precede**[6]
    precedent[6]

15. **dictate**[6]
    dictation[6]
    dictator[6]

16. **senator**[6]
    narrator[6]

17. **collect**[2]
    collector[6]

18. **contract**[3]
    contractor[6]

19. **fiction**[4]
    friction[6]

20. **diabetes**[6]
    diagnosis[6]
    tube[2]
    tuberculosis[6]

21. **spontaneous**[6]
    simultaneous[6]

22. **vice**[6]
    vicious[6]
    spacious[6]

23. **victor**[6]
    victory[2]
    victorious[6]

24. **fabric**[5]
    fabulous[6]

25. **miracle**[3]
    miraculous[6]

26. **attendant**[6]
    descendant[6]
    redundant[6]

27. **resistant**[6]
    militant[6]

28. **contestant**[6]
    pollutant[6]

29. **implement**[6]
    supplement[6]

30. **riot**[6]
    chariot[6]

31. **eloquent**[6]
    delinquent[6]

32. **socialist**[6]
    naturalist[6]

33. **outlaw**[6]
    outlet[6]
    outlook[6]
    outfit[6]

34. **intimate**[4]
    intimacy[6]

35. **diploma**[4]
    diplomacy[6]
    diplomatic[6]
    diplomat[4]

36. **pharmacy**[6]
    pharmacist[6]

37. **liter**[6]
    literal[6]
    literate[6]
    literacy[6]

38. **efficiency**[4]
    deficiency[6]
    proficiency[6]

39. **antibody**[6]
    antibiotic[6]

40. **amplify**[6]
    simplify[6]

不斷地看中文唸英文，能夠專心，有助於做翻譯題。

1. 鈉
   鈣
   鈾

2. 貧民區
   政治庇護

3. 同義字
   反義字

4. 岩漿
   廁所

5. 素食主義者
   獸醫
   退伍軍人

6. 下（蛋）；放置
   外行人
   議員

7. 地鐵
   大都市的

   宇宙
   世界性的

8. 達到
   拘留
   保留

9. 退休金
   暫停

10. 成功；繼續
    讓步

    連續
    讓步

11. 各種的
    使多樣化
    多樣性

12. 推論
    商量；商議
    提到；參考

13. 公尺
    直徑

    氣壓計
    溫度計

14. 在…之前
    先例

15. 聽寫
    聽寫
    獨裁者

16. 參議員
    敘述者

17. 收集
    收藏家

18. 合約
    承包商

19. 小說
    摩擦

20. 糖尿病
    診斷

    管子
    肺結核

21. 自動自發的
    同時的

22. 邪惡
    邪惡的
    寬敞的

23. 勝利者
    勝利
    勝利的

24. 布料
    極好的

25. 奇蹟
    奇蹟般的

26. 服務員
    子孫
    多餘的

27. 抵抗的
    好戰的

28. 參賽者
    污染物

29. 實施
    補充

30. 暴動
    兩輪戰車

31. 口才好的
    犯罪者

32. 社會主義者
    自然主義者

33. 罪犯
    精品折扣店

    看法
    服裝

34. 親密的
    親密

35. 畢業證書
    外交

    外交的
    外交官

36. 藥房
    藥劑師

37. 公升
    字面的

    識字的
    識字

38. 效率
    不足
    熟練

39. 抗體
    抗生素

40. 放大
    簡化

Unit 2 Exercise

※ 請根據上下文意，選出一個最正確的答案。

1. "Like" and "admire" are _____.

   (A) antonyms   (B) synonyms

   (C) pollutants   (D) precedents   (   )

2. Prince William is a _____ of Queen Elizabeth.

   (A) socialist   (B) inhabitant

   (C) diplomat   (D) descendant   (   )

3. With hard work, you can _____ your goals.

   (A) collect   (B) attain

   (C) confer   (D) refer   (   )

4. Members of the same family often have _____ personalities.

   (A) diverse   (B) spacious

   (C) miraculous   (D) cosmopolitan   (   )

5. The loudspeakers _____ the music.

   (A) succeed   (B) amplify

   (C) dictate   (D) simplify   (   )

6. Some harmful bacteria have become resistant to _____.

   (A) veterans   (B) contractors

   (C) antibiotics   (D) pharmacies   (   )

7. The contest judges were impressed with Ethan's _____
speech.

   (A) redundant　　　　　(B) simultaneous

   (C) metropolitan　　　　(D) eloquent　　　　　(　)

8. In social conversation, Molly is very direct, while Fiona is more
_____.

   (A) diplomatic　　　　　(B) miraculous

   (C) fabulous　　　　　　(D) victorious　　　　(　)

9. Money was a constant source of _____ between the husband
and wife.

   (A) calcium　　　　　　(B) fabric

   (C) friction　　　　　　(D) suspension　　　　(　)

10. The government promised to _____ an electronic waste
recycling program.

   (A) detain　　　　　　　(B) concede

   (C) implement　　　　　(D) infer　　　　　　(　)

【答案】

1. (B)	2. (D)	3. (B)	4. (A)	5. (B)
6. (C)	7. (D)	8. (A)	9. (C)	10. (C)

Unit 3

 同學跟著美籍老師
一起唸。

1. **unify**⁶ 〔'junəˌfaɪ〕v. 統一
   <u>signify</u>⁶ 〔'sɪgnəˌfaɪ〕v. 表示
   <u>purify</u>⁶ 〔'pjʊrəˌfaɪ〕v. 淨化

2. **break**¹ 〔brek〕v. 打破
   <u>breakthrough</u>⁶ 〔'brekˌθru〕n.
   突破

3. **ecology**⁶ 〔ɪ'kalədʒɪ〕n. 生態學
   <u>eco-friendly</u> 〔ˌɛko'frɛndlɪ〕adj.
   環保的
   It's an eco-friendly building.
   這是環保建築。

4. **sociology**⁶ 〔ˌsoʃɪ'alədʒɪ〕n.
   社會學
   <u>mythology</u>⁶ 〔mɪ'θalədʒɪ〕n. 神話

5. **stationary**⁶ 〔'steʃənˌɛrɪ〕
   adj. 不動的　　　　⎫
   <u>stationery</u>⁶ 〔'steʃənˌɛrɪ〕 ⎬ 同音字
   n. 文具　　　　　⎭
   <u>stationer</u> 〔'steʃənɚ〕n. 文具店

6. **mission**³ 〔'mɪʃən〕n. 任務
   <u>missionary</u>⁶ 〔'mɪʃənˌɛrɪ〕n.
   傳教士
   <u>secretary</u>² 〔'sɛkrəˌtɛrɪ〕n. 秘書

7. **mature**³ 〔mə'tʃʊr〕adj. 成熟的
   <u>premature</u>⁶ 〔ˌprimə'tʃʊr〕adj.
   過早的

8. **rival**⁵ 〔'raɪvḷ〕n. 對手；敵手
   <u>rivalry</u>⁶ 〔'raɪvḷrɪ〕n. 競爭；敵對
   <u>cavalry</u>⁶ 〔'kævḷrɪ〕n. 騎兵

cavalry

9. **anticipate**⁶ 〔æn'tɪsəˌpet〕v.
   預期；期待
   <u>anticipation</u>⁶ 〔ænˌtɪsə'peʃən〕
   n. 期待

10. **assess**⁶ 〔ə'sɛs〕v. 評估
    <u>assessment</u>⁶ 〔ə'sɛsmənt〕n.
    評估

11. **awe**⁵ 〔ɔ〕n. 敬畏
    <u>awesome</u>⁶ 〔'ɔsəm〕adj. 很棒的
    <u>awful</u>³ 〔'ɔfḷ〕adj. 可怕的
    You look awesome.
    你看起來棒極了。

12. **tray**[3] 〔tre〕 *n.* 托盤
    betray[6] 〔bɪˋtre〕 *v.* 出賣

13. **chemistry**[4] 〔ˋkɛmɪstrɪ〕 *n.* 化學
    biochemistry[6] 〔ˏbaɪoˋkɛmɪstrɪ〕
    n. 生物化學
    biological[6] 〔ˏbaɪəˋlɑdʒɪkl̩〕 *adj.*
    生物學的

14. **leak**[3] 〔lik〕 *v.* 漏出
    bleak[6] 〔blik〕 *adj.* 荒涼的

15. **bomb**[2] 〔bam〕 *n.* 炸彈
    bomber 〔ˋbamɚ〕 *n.* 轟炸機
    bombard[6] 〔bamˋbard〕 *v.* 轟炸

16. **bandage**[3] 〔ˋbændɪdʒ〕 *n.* 繃帶
    bondage[6] 〔ˋbandɪdʒ〕 *n.* 束縛；
    奴隸

17. **caption**[6] 〔ˋkæpʃən〕 *n.* （照片的）
    說明文字
    captive[6] 〔ˋkæptɪv〕 *n.* 俘虜
    captivity[6] 〔kæpˋtɪvətɪ〕 *n.*
    囚禁

caption

18. **carbon**[5] 〔ˋkarbən〕 *n.* 碳
    hydrate 〔ˋhaɪdret〕 *n.* 水合物
    carbohydrate[6] 〔ˏkarboˋhaɪdret〕
    n. 碳水化合物【如糖、馬鈴薯、
    米飯、麵包、麵條等】

19. **casual**[3] 〔ˋkæʒʊəl〕 *adj.* 非正式的
    casualty[6] 〔ˋkæʒʊəltɪ〕 *n.*
    死傷（者）
    casual wear 休閒服

20. **coal**[2] 〔kol〕 *n.* 煤
    char 〔tʃar〕 *v.* 燒焦
    charcoal[6] 〔ˋtʃar,kol〕 *n.* 木炭

21. **charity**[4] 〔ˋtʃærətɪ〕 *n.* 慈善
    charitable[6] 〔ˋtʃærətəbl̩〕 *adj.*
    慈善的

22. **clam**[5] 〔klæm〕 *n.* 蛤蜊
    clamp[6] 〔klæmp〕 *n.* 鉗子
    lamp[1] 〔læmp〕 *n.* 燈

clamp

23. **coin**² 〔kɔɪn〕 *n.* 硬幣
<u>coincide</u>⁶ 〔͵kɔɪn'saɪd〕*v.* 與⋯
同時發生
<u>coincidence</u>⁶ 〔ko'ɪnsədəns〕
n. 巧合
What a coincidence! 真巧！

24. **collide**⁶ 〔kə'laɪd〕*v.* 相撞
<u>collision</u>⁶ 〔kə'lɪʒən〕*n.* 相撞
<u>colloquial</u>⁶ 〔kə'lokwɪəl〕*adj.*
口語的

25. **column**³ 〔'kaləm〕*n.* 專欄；
圓柱
<u>columnist</u>⁶ 〔'kaləmnɪst〕*n.*
專欄作家

26. **comment**⁴ 〔'kamɛnt〕*n.* 評論；
意見
<u>commentary</u>⁶ 〔'kamən͵tɛrɪ〕*n.*
評論
No comment. 無可奉告。
political commentary 政治評論

27. **compare**² 〔kəm'pɛr〕*v.* 比較；
比喻
<u>comparative</u>⁶ 〔kəm'pærətɪv〕
adj. 比較的
<u>comparable</u>⁶ 〔'kampərəbḷ〕
adj. 可比較的

28. **compensate**⁶ 〔'kampən͵set〕*v.*
補償
<u>compensation</u>⁶
〔͵kampən'seʃən〕*n.* 補償

29. **compete**³ 〔kəm'pit〕*v.* 競爭
<u>competent</u>⁶ 〔'kampətənt〕*adj.*
能幹的
<u>competence</u>⁶ 〔'kampətəns〕*n.*
能力

30. **compliment**⁵
〔'kampləmənt〕*n.* 稱讚
〔'kamplə͵mɛnt〕*v.*
<u>complement</u>⁶
〔'kamplə͵mɛnt〕*v.*
補充；與⋯相配
〔'kampləmənt〕*n.*
} 同音字
You complement each other.
你們兩個互補。

complimentary breakfast 免費的早餐

31. **complex**³ 〔kəm'plɛks ,
'kamplɛks〕*adj.* 複雜的
<u>complexity</u>⁶ 〔kəm'plɛksətɪ〕*n.*
複雜
<u>complexion</u>⁶ 〔kəm'plɛkʃən〕*n.*
膚色 (皮膚組成非常複雜)

32. **complicate**[4]〔'kɑmplə,ket〕*v.*
使複雜
complication[6] 〔,kɑmplə'keʃən〕
n. 複雜

33. **contradict**[6] 〔,kɑntrə'dɪkt〕*v.*
與…矛盾
contradiction[6] 〔,kɑntrə'dɪkʃən〕
n. 矛盾

34. **controversy**[6] 〔'kɑntrə,vɝsɪ〕*n.*
爭論
controversial[6] 〔,kɑntrə'vɝʃəl〕
adj. 引起爭論的；有爭議的

35. **core**[6] 〔kor〕*n.* 核心
corps[6] 〔kor〕*n.* 部隊 } 同音字
corpse[6] 〔kɔrps〕*n.* 屍體
Marine Corps 海軍陸戰隊

36. **counter**[4] 〔'kaʊntɚ〕*n.* 櫃台
counterpart[6] 〔'kaʊntɚ,pɑrt〕*n.*
相對應的人
counterclockwise[5]
〔,kaʊntɚ'klɑk,waɪz〕*adv.* 逆時針
方向地

37. **credible**[6] 〔'krɛdəbḷ〕*adj.* 可信的
credibility[6] 〔,krɛdə'bɪlətɪ〕*n.*
可信度
incredible 〔ɪn'krɛdəbḷ〕*adj.*
難以置信的

38. **crook**[6] 〔krʊk〕*n.* 彎曲；騙子
crooked[6] 〔'krʊkɪd〕*adj.* 彎曲的

39. **bruise**[5] 〔bruz〕*n.* 瘀青
cruise[6] 〔kruz〕*n.* 郵輪旅行
cruiser[6] 〔'kruzɚ〕*n.* 巡洋艦
'cruise ,ship *n.* 郵輪
I'm going to take a cruise.
我要去搭郵輪。

Tom Cruise 湯姆克魯斯

40. **crumb**[6] 〔krʌm〕*n.* 碎屑
crumble[6] 〔'krʌmbḷ〕*v.* 粉碎
grumble[5] 〔'grʌmbḷ〕*v.* 抱怨
Don't complain. 不要抱怨。
Don't grumble. 不要抱怨。
Keep it to yourself.
不要說出來。

反覆不斷地唸英文，加深單字記憶。

1. **unify**[6]
   signify[6]
   purify[6]

2. **break**[1]
   breakthrough[6]

3. **ecology**[6]
   eco-friendly

4. **sociology**[6]
   mythology[6]

5. **stationary**[6]
   stationery[6]
   stationer

6. **mission**[3]
   missionary[6]
   secretary[2]

7. **mature**[3]
   premature[6]

8. **rival**[5]
   rivalry[6]
   cavalry[6]

9. **anticipate**[6]
   anticipation[6]

10. **assess**[6]
    assessment[6]

11. **awe**[5]
    awesome[6]
    awful[3]

12. **tray**[3]
    betray[6]

13. **chemistry**[4]
    biochemistry[6]
    biological[6]

14. **leak**[3]
    bleak[6]

15. **bomb**[2]
    bomber
    bombard[6]

16. **bandage**[3]
    bondage[6]

17. **caption**[6]
    captive[6]
    captivity[6]

18. **carbon**[5]
    hydrate
    carbohydrate[6]

19. **casual**[3]
    casualty[6]

20. **coal**[2]
    char
    charcoal[6]

21. **charity**[4]
    charitable[6]

22. **clam**[5]
    clamp[6]
    lamp[1]

23. **coin**[2]
    coincide[6]
    coincidence[6]

24. **collide**[6]
    collision[6]
    colloquial[6]

25. **column**[3]
    columnist[6]

26. **comment**[4]
    commentary[6]

27. **compare**[2]
    comparative[6]
    comparable[6]

28. **compensate**[6]
    compensation[6]

29. **compete**[3]
    competent[6]
    competence[6]

30. **compliment**[5]
    complement[6]

31. **complex**[3]
    complexity[6]
    complexion[6]

32. **complicate**[4]
    complication[6]

33. **contradict**[6]
    contradiction[6]

34. **controversy**[6]
    controversial[6]

35. **core**[6]
    corps[6]
    corpse[6]

36. **counter**[4]
    counterpart[6]
    counterclockwise[5]

37. **credible**[6]
    credibility[6]
    incredible

38. **crook**[6]
    crooked[6]

39. **bruise**[5]
    cruise[6]
    cruiser[6]
    cruise ship

40. **crumb**[6]
    crumble[6]
    grumble[5]

不斷地看中文唸英文，能夠專心，有助於做翻譯題。

1. 統一
   表示
   淨化

2. 打破
   突破

3. 生態學
   環保的

4. 社會學
   神話

5. 不動的
   文具
   文具店

6. 任務
   傳教士
   秘書

7. 成熟的
   過早的

8. 對手
   敵對
   騎兵

9. 預期；期待
   期待

10. 評估
    評估

11. 敬畏
    很棒的
    可怕的

12. 托盤
    出賣

13. 化學
    生物化學
    生物學的

14. 漏出
    荒涼的

15. 炸彈
    轟炸機
    轟炸

16. 繃帶
    束縛

17. （照片的）說
    明文字
    俘虜
    囚禁

18. 碳
    水合物
    碳水化合物

19. 非正式的
    死傷（者）

20. 煤
    燒焦
    木炭

21. 慈善
    慈善的

22. 蛤蜊
    鉗子
    燈

23. 硬幣
    與…同時
    發生
    巧合

24. 相撞
    相撞
    口語的

25. 專欄；圓柱
    專欄作家

26. 評論
    評論

27. 比較
    比較的
    可比較的

28. 補償
    補償

29. 競爭
    能幹的
    能力

30. 稱讚
    補充

31. 複雜的
    複雜
    膚色

32. 使複雜
    複雜

33. 與…矛盾
    矛盾

34. 爭論
    有爭議的

35. 核心
    部隊
    屍體

36. 櫃台
    相對應的人
    逆時針方向地

37. 可信的
    可信度
    難以置信的

38. 彎曲；騙子
    彎曲的

39. 瘀青
    郵輪旅行
    巡洋艦
    郵輪

40. 碎屑
    粉碎
    抱怨

Unit 3 Exercise

※ 請根據上下文意，選出一個最正確的答案。

1. The nurse applied a fresh _____ to the wound on his leg.

   (A) breakthrough　　　　(B) corpse

   (C) bandage　　　　　　(D) charity　　　　　　（　）

2. Water from the river must be _____ before it's safe to drink.

   (A) purified　　　　　　(B) unified

   (C) crumbled　　　　　　(D) grumbled　　　　　（　）

3. John is an honorable guy who would never _____ his friends.

   (A) break　　　　　　　(B) betray

   (C) collide　　　　　　　(D) assess　　　　　　（　）

4. They hadn't _____ such a large crowd at the amusement park.

   (A) contradicted　　　　(B) complicated

   (C) competed　　　　　　(D) anticipated　　　　（　）

5. Their school's headmaster is the _____ of our school's principal.

   (A) sociology　　　　　(B) contradiction

   (C) counterpart　　　　　(D) crumb　　　　　　（　）

6. Personalized _____ would be a nice gift for a student.

   (A) mythology　　　　　(B) stationery

   (C) captivity　　　　　　(D) cavalry　　　　　　（　）

7. The factory workers formed a union and demanded better

_____.

   (A) ecology   (B) carbon

   (C) compensation   (D) bondage   (   )

8. Winters in Chicago are cold and _____, with freezing temperatures and gray skies.

   (A) bleak   (B) comparable

   (C) biological   (D) complex   (   )

9. Gun ownership and government control has long been a(n) _____ issue in the U.S.

   (A) awful   (B) controversial

   (C) colloquial   (D) stationary   (   )

10. The murder suspect pretended to be mentally ill, but the court found him _____ to stand trial.

   (A) competent   (B) eco-friendly

   (C) awesome   (D) charitable   (   )

【答案】

1. (C)	2. (A)	3. (B)	4. (D)	5. (C)
6. (B)	7. (C)	8. (A)	9. (B)	10. (A)

Unit 4

同學跟著美籍老師
一起唸。

1. **accumulate**[6] 〔 əˈkjumjəˌlet 〕 *v.*
   累積
   accumulation[6]
   〔 əˌkjumjəˈleʃən 〕 *n.* 累積
   cumulative[6] 〔ˈkjumjəˌletɪv 〕
   adj. 累積的
   cumulate 極少用
   accumulative 極少用

2. **dedicate**[6] 〔ˈdɛdəˌket 〕 *v.* 奉獻；
   使致力於
   dedication[6] 〔ˌdɛdəˈkeʃən 〕 *n.*
   奉獻

3. **announce**[3] 〔 əˈnaʊns 〕 *v.* 宣佈
   denounce[6] 〔 dɪˈnaʊns 〕 *v.* 譴責

4. **deter**[6] 〔 dɪˈtɝ 〕 *v.* 阻礙
   deteriorate[6] 〔 dɪˈtɪrɪəˌret 〕 *v.*
   惡化

5. **value**[2] 〔ˈvæljʊ 〕 *n.* 價值
   devalue[6] 〔 diˈvæljʊ 〕 *v.* 使貶值

6. **disable**[6] 〔 dɪsˈebl̩ 〕 *v.* 使失去能
   力；使殘廢
   disability[6] 〔ˌdɪsəˈbɪlətɪ 〕 *n.*
   無能力

7. **charge**[2] 〔 tʃɑrdʒ 〕 *v.* 收費；控告
   discharge[6] 〔 dɪsˈtʃɑrdʒ 〕 *v.*
   解雇

8. **egg**[1] 〔 ɛg 〕 *n.* 蛋
   ebb[6] 〔 ɛb 〕 *n.* 退潮
   「漲潮」是 flow。

9. **disclose**[6] 〔 dɪsˈkloz 〕 *v.* 洩露
   disclosure[6] 〔 dɪsˈkloʒɚ 〕 *n.*
   洩露

10. **grace**[4] 〔 gres 〕 *n.* 優雅
    graceful[4] 〔ˈgresfəl 〕 *adj.* 優雅的
    disgrace[6] 〔 dɪsˈgres 〕 *n.* 恥辱
    disgraceful[6] 〔 dɪsˈgresfəl 〕 *adj.*
    可恥的

11. **dispose**[5] 〔 dɪˈspoz 〕 *v.* 處置
    disposal[6] 〔 dɪˈspozl̩ 〕 *n.* 處理
    disposable[6] 〔 dɪˈspozəbl̩ 〕 *adj.*
    用完即丟的

disposable chopsticks　免洗筷

12. **attract**³〔ə'trækt〕*v.* 吸引
   <u>distract</u>⁶〔dɪ'strækt〕*v.* 使分心
   <u>extract</u>⁶〔ɪk'strækt〕*v.* 拔出

13. **persuade**³〔pə'swed〕*v.* 說服
   <u>dissuade</u>⁶〔dɪ'swed〕*v.* 勸阻

14. **donate**⁶〔'donet〕*v.* 捐贈
   <u>donation</u>⁶〔do'neʃən〕*n.* 捐贈
   <u>donor</u>⁶〔'donə〕*n.* 捐贈者

15. **doctor**¹〔'dɑktə〕*n.* 醫生
   <u>doctrine</u>⁶〔'dɑktrɪn〕*n.* 教義

16. **document**⁵〔'dɑkjəmənt〕*n.*
   文件
   <u>documentary</u>⁶〔ˌdɑkjə'mɛntərɪ〕
   n. 記錄片

17. **dose**³〔dos〕*n.*（藥的）一劑
   <u>dosage</u>⁶〔'dosɪdʒ〕*n.* 劑量
   You need a dose of medicine.
   你需要一劑藥。
   Take the proper dosage.
   要吃適當的劑量。

18. **dynamic**⁴〔daɪ'næmɪk〕*adj.*
   充滿活力的
   <u>dynamite</u>⁶〔'daɪnəˌmaɪt〕*n.* 炸藥
   You are so dynamic.
   你非常有活力。

19. **dual**⁶〔'djuəl〕*adj.* 雙重的
   <u>dubious</u>⁶〔'djubɪəs〕*adj.* 可疑的
   <u>suspicious</u>⁴〔sə'spɪʃəs〕*adj.*
   懷疑的
   You have a dual personality.
   你有雙重性格。

20. **edit**³〔'ɛdɪt〕*v.* 編輯
   <u>editor</u>³〔'ɛdɪtə〕*n.* 編輯
   <u>editorial</u>⁶〔ˌɛdə'torɪəl〕*n.* 社論

21. **art**¹〔art〕*n.* 藝術
   <u>artery</u>⁶〔'artərɪ〕*n.* 動脈
   <u>articulate</u>⁶〔ar'tɪkjəlɪt〕*adj.*
   口才好的
   You are very articulate.
   你口才很好。

22. **bark**²〔bark〕*v.* 吠叫　*n.* 樹皮
   <u>embark</u>⁶〔ɪm'bark〕*v.* 搭乘；
   上（船、飛機）；開始做
   <u>disembark</u>〔ˌdɪsɪm'bark〕*v.*
   下船；下飛機；開始做
   Passengers may now disembark!
   乘客現在可以下飛機了！

Passengers may now disembark!

23. **act**[1] 〔 ækt 〕 *n.* 行為
    <u>enact</u>[6] 〔 ɪnˈækt 〕 *v.* 制定
    <u>enactment</u>[6] 〔 ɪnˈæktmənt 〕 *n.*
    （法律的）制定；法規

24. **endure**[4] 〔 ɪnˈdjʊr 〕 *v.* 忍受
    <u>endurance</u>[6] 〔 ɪnˈdjʊrəns 〕 *n.*
    忍耐

25. **enhance**[6] 〔 ɪnˈhæns 〕 *v.* 提高；
    增加
    <u>enhancement</u>[6] 〔 ɪnˈhænsmənt 〕
    n. 提高；增進

26. **lighten**[4] 〔ˈlaɪtn̩ 〕 *v.* 照亮
    <u>enlighten</u>[6] 〔 ɪnˈlaɪtn̩ 〕 *v.* 啟蒙；
    教導
    <u>enlightenment</u>[6] 〔 ɪnˈlaɪtn̩mənt 〕
    n. 啟發

27. **rich**[1] 〔 rɪtʃ 〕 *adj.* 有錢的；
    豐富的
    <u>enrich</u>[6] 〔 ɪnˈrɪtʃ 〕 *v.* 使豐富
    <u>enrichment</u>[6] 〔 ɪnˈrɪtʃmənt 〕 *n.*
    豐富

28. **episode**[6] 〔ˈɛpəˌsod 〕 *n.* （連續劇
    的）一集
    <u>epidemic</u>[6] 〔ˌɛpəˈdɛmɪk 〕 *n.*
    傳染病 *adj.* 傳染性的

episode

29. **equal**[1] 〔ˈikwəl 〕 *adj.*
    相等的
    <u>equivalent</u>[6]
    〔 ɪˈkwɪvələnt 〕 *adj.* 相等的 ⎱ 同義字
    <u>equator</u>[6] 〔 ɪˈkwetɚ 〕 *n.* 赤道
    （把地球分成一半）
    <u>equation</u>[6] 〔 ɪˈkweʃən 〕 *n.*
    方程式

30. **rode**[1] 〔 rod 〕 *v.* 騎乘
    【ride 的過去式】
    <u>erode</u>[6] 〔 ɪˈrod 〕 *v.* 侵蝕

31. **erupt**[5] 〔 ɪˈrʌpt 〕 *v.* 爆發
    <u>eruption</u>[6] 〔 ɪˈrʌpʃən 〕 *n.* 爆發

32. **escape**[3] 〔 ə'skep 〕*v.* 逃走
    escalate[6] 〔'ɛskə,let 〕*v.* 逐漸擴
    大；逐漸上漲
    escalator[4] 〔'ɛskə,letɚ 〕*n.*
    電扶梯

escalator

33. **eternal**[5] 〔 ɪ'tɜnḷ 〕*adj.* 永恆的；
    永遠的
    eternity[6] 〔 ɪ'tɜnətɪ 〕*n.* 永恆

I'm eternally grateful!

34. **ethical**[6] 〔'ɛθɪkḷ 〕*adj.* 道德的
    ethnic[6] 〔'ɛθnɪk 〕*adj.* 種族的

35. **revolve**[5] 〔 rɪ'valv 〕*v.* 公轉
    revolution[4] 〔,rɛvə'luʃən 〕*n.*
    革命；重大改革

36. **evolve**[6] 〔 ɪ'valv 〕*v.* 進化
    evolution[6] 〔,ɛvə'luʃən 〕*n.*
    進化

37. **except**[1] 〔 ɪk'sɛpt 〕*prep.* 除了
    excerpt[6] 〔'ɛksɜpt 〕*n.* 摘錄；
    節錄
    This is an excerpt from a book.
    這摘錄自一本書。

38. **appreciate**[3] 〔 ə'priʃɪ,et 〕*v.*
    感激
    practice[1] 〔'præktɪs 〕*v. n.* 練習
    apprentice[6] 〔 ə'prɛntɪs 〕*n.*
    學徒

39. **exotic**[6] 〔 ɪg'zɑtɪk 〕*adj.* 有異國
    風味的
    patriotic[6] 〔,petrɪ'atɪk 〕*adj.*
    愛國的

40. **expert**[2] 〔'ɛkspɜt 〕*n.* 專家
    expertise[6] 〔,ɛkspɚ'tiz 〕*n.*
    專門的知識

反覆不斷地唸英文，加深單字記憶。

1. **accumulate**[6]
accumulation[6]
cumulative[6]

2. **dedicate**[6]
dedication[6]

3. **announce**[3]
denounce[6]

4. **deter**[6]
deteriorate[6]

5. **value**[2]
devalue[6]

6. **disable**[6]
disability[6]

7. **charge**[2]
discharge[6]

8. **egg**[1]
ebb[6]

9. **disclose**[6]
disclosure[6]

10. **grace**[4]
graceful[4]

disgrace[6]
disgraceful[6]

11. **dispose**[5]
disposal[6]
disposable[6]

12. **attract**[3]
distract[6]
extract[6]

13. **persuade**[3]
dissuade[6]

14. **donate**[6]
donation[6]
donor[6]

15. **doctor**[1]
doctrine[6]

16. **document**[5]
documentary[6]

17. **dose**[3]
dosage[6]

18. **dynamic**[4]
dynamite[6]

19. **dual**[6]
dubious[6]
suspicious[4]

20. **edit**[3]
editor[3]
editorial[6]

21. **art**[1]
artery[6]
articulate[6]

22. **bark**[2]
embark[6]
disembark

23. **act**[1]
enact[6]
enactment[6]

24. **endure**[4]
endurance[6]

25. **enhance**[6]
enhancement[6]

26. **lighten**[4]
enlighten[6]
enlightenment[6]

27. **rich**[1]
enrich[6]
enrichment[6]

28. **episode**[6]
epidemic[6]

29. **equal**[1]
equivalent[6]
equator[6]
equation[6]

30. **rode**[1]
erode[6]

31. **erupt**[5]
eruption[6]

32. **escape**[3]
escalate[6]
escalator[4]

33. **eternal**[5]
eternity[6]

34. **ethical**[6]
ethnic[6]

35. **revolve**[5]
revolution[4]

36. **evolve**[6]
evolution[6]

37. **except**[1]
excerpt[6]

38. **appreciate**[3]
practice[1]
apprentice[6]

39. **exotic**[6]
patriotic[6]

40. **expert**[2]
expertise[6]

不斷地看中文唸英文，能夠專心，有助於做翻譯題。

1. 累積
   累積
   累積的

2. 奉獻；使致力於
   奉獻

3. 宣佈
   譴責

4. 阻礙
   惡化

5. 價值
   使貶值

6. 使殘廢
   無能力

7. 收費；控告
   解雇

8. 蛋
   退潮

9. 洩露
   洩露

10. 優雅
    優雅的

    恥辱
    可恥的

11. 處置
    處理
    用完即丟的

12. 吸引
    使分心
    拔出

13. 說服
    勸阻

14. 捐贈
    捐贈
    捐贈者

15. 醫生
    教義

16. 文件
    記錄片

17. （藥的）一劑
    劑量

18. 充滿活力的
    炸藥

19. 雙重的
    可疑的
    懷疑的

20. 編輯
    編輯
    社論

21. 藝術
    動脈
    口才好的

22. 吠叫
    搭乘；開始做
    下船；下飛機

23. 行為
    制定
    制定；法規

24. 忍受
    忍耐

25. 提高；增加
    提高；增進

26. 照亮
    啟蒙
    啟發

27. 有錢的；豐富的
    使豐富
    豐富

28. （連續劇的）
    一集
    傳染病

29. 相等的
    相等的

    赤道
    方程式

30. 騎乘
    侵蝕

31. 爆發
    爆發

32. 逃走
    逐漸擴大
    電扶梯

33. 永恆的
    永恆

34. 道德的
    種族的

35. 公轉
    革命

36. 進化
    進化

37. 除了
    摘錄；節錄

38. 感激
    練習
    學徒

39. 有異國風味的
    愛國的

40. 專家
    專門的知識

Unit 4 Exercise

※ 請根據上下文意，選出一個最正確的答案。

1. The birthday cake was served on _____ paper plates.

   (A) disgraceful　　　　(B) articulate

   (C) disposable　　　　(D) eternal　　　　（　　）

2. Pompeii was a Roman city destroyed by a volcanic _____ in AD 79.

   (A) enhancement　　　(B) eruption

   (C) editorial　　　　　(D) equation　　　（　　）

3. The museum is supported by community _____.

   (A) episodes　　　　　(B) arteries

   (C) donations　　　　　(D) disabilities　　（　　）

4. Most people feel a(n) _____ sense of pride for their countries.

   (A) ethical　　　　　　(B) patriotic

   (C) dynamic　　　　　　(D) suspicious　　（　　）

5. Following the brief ceremony, the newlywed couple _____ on their honeymoon.

   (A) embarked　　　　　(B) persuaded

   (C) revolved　　　　　　(D) evolved　　　（　　）

6. While writing his first novel, Alfonso worked as a carpenter's
_____ in California.

(A) doctor   (B) apprentice
(C) escalator   (D) editor   (　)

7. By searching the surrounding forest, the campers _____
enough wood for a fire.

(A) denounced   (B) disclosed
(C) endured   (D) accumulated   (　)

8. The company's investors were _____ about the plan to expand
their business to Europe.

(A) dubious   (B) exotic
(C) ethnic   (D) dual   (　)

9. Doctors usually prescribe a low _____ of painkillers, which
may be increased if necessary.

(A) evolution   (B) dosage
(C) document   (D) enactment   (　)

10. The music coming from next door _____ her, so she couldn't
concentrate on her homework.

(A) distracted   (B) donated
(C) escalated   (D) enriched   (　)

┌─ 【答案】 ─────────────────────────┐
│ 1.(C)   2.(B)   3.(C)   4.(B)   5.(A) │
│ 6.(B)   7.(D)   8.(A)   9.(B)   10.(A) │
└──┘

Unit 5

 同學跟著美籍老師
一起唸。

1. **spire**⁶ 〔 spaɪr 〕 *n.*
   尖塔
   <u>inspire</u>⁴ 〔 ɪn'spaɪr 〕
   v. 激勵；給予靈感
   <u>expire</u>⁶ 〔 ɪk'spaɪr 〕
   v. 到期

spire

2. **imply**⁴ 〔 ɪm'plaɪ 〕 *v.* 暗示
   <u>implicit</u>⁶ 〔 ɪm'plɪsɪt 〕 *adj.* 暗示的

3. **explain**² 〔 ɪk'splen 〕 *v.* 解釋
   <u>explicit</u>⁶ 〔 ɪk'splɪsɪt 〕 *adj.*
   明確的；清楚的
   Can you be more explicit?
   你可不可以說得更清楚一點？

4. **curricular** 〔 kə'rɪkjələ 〕 *adj.*
   課程的
   <u>curriculum</u>⁵ 〔 kə'rɪkjələm 〕 *n.*
   課程
   <u>extracurricular</u>⁶
   〔ˌɛkstrəkə'rɪkjələ 〕 *adj.* 課外的

5. **visible**³ 〔'vɪzəbḷ 〕 *adj.* 看得見的
   <u>feasible</u>⁶ 〔'fizəbḷ 〕 *adj.* 可實行的

<u>feast</u>⁴ 〔 fist 〕 *n.* 盛宴
The plan is feasible.
這個計劃是可行的。

6. **fort**⁴ 〔 fɔrt 〕 *n.* 堡壘
   <u>fortify</u>⁶ 〔'fɔrtəˌfaɪ 〕 *v.* 強化
   <u>forty</u>¹ 〔'fɔrtɪ 〕 *n.* 四十

7. **rail**⁵ 〔 rel 〕 *n.* 欄杆；鐵路
   <u>frail</u>⁶ 〔 frel 〕 *adj.* 虛弱的
   <u>fragile</u>⁶ 〔'frædʒəl 〕 *adj.* 脆弱的
   She is weak and frail.
   她的身體非常虛弱。

8. **gene**⁴ 〔 dʒin 〕 *n.* 基因
   <u>genetic</u>⁶ 〔 dʒə'nɛtɪk 〕 *adj.*
   遺傳的
   <u>genetics</u>⁶ 〔 dʒə'nɛtɪks 〕 *n.*
   遺傳學

9. **armour**⁵ 〔'ɑrmə 〕 *n.* 盔甲
   <u>glamour</u>⁶ 〔'glæmə 〕 *n.* 魅力
   You have glamour. 你有魅力。

10. **listen**[1] 〔'lɪsn̩ 〕 v. 聽
    glisten[6] 〔'glɪsn̩ 〕 v. 閃爍

11. **rope**[1] 〔 rop 〕 n. 繩子
    grope[6] 〔 grop 〕 v. 摸索
    She was groping around in her bag for her keys.
    她在包包裡摸索鑰匙。

12. **habit**[2] 〔'hæbɪt 〕 n. 習慣
    habitat[6] 〔'hæbə,tæt 〕 n. 棲息地
    inhabit[6] 〔 ɪn'hæbɪt 〕 v. 居住於
    inhabitant[6] 〔 ɪn'hæbətənt 〕 n. 居民

13. **care**[1] 〔 kɛr 〕 v. 在乎
    caress[6] 〔 kə'rɛs 〕 v. 撫摸

14. **harass**[6] 〔 hə'ræs 〕 v. 騷擾
    harassment[6] 〔 hə'ræsmənt 〕 n. 騷擾
    sexual harassment 性騷擾

15. **lizard**[5] 〔'lɪzəd 〕 n. 蜥蜴
    hazard[6] 〔'hæzəd 〕 n. 危險
    wizard[4] 〔'wɪzəd 〕 n. 巫師

lizard

16. **hospital**[2] 〔'hɑspɪtl̩ 〕 n. 醫院
    hospitalize[6] 〔'hɑspɪtl̩,aɪz 〕 v. 使住院
    hospitable[6] 〔'hɑspɪtəbl̩ 〕 adj. 好客的
    hospitality[6] 〔,hɑspɪ'tælətɪ 〕 n. 好客；慇懃款待

17. **hostile**[5] 〔'hɑstl̩ , 'hɑstɪl 〕 adj. 敵對的；有敵意的
    hostility[6] 〔 hɑs'tɪlətɪ 〕 n. 敵意

18. **human**[1] 〔'hjumən 〕 n. 人
    humanitarian[6] 〔 hju,mænə'tɛrɪən 〕 n. 人道主義者

19. **humid**[2] 〔'hjumɪd 〕 adj. 潮溼的
    humiliate[6] 〔 hju'mɪlɪ,et 〕 v. 使丟臉

20. **lunch**[1] 〔 lʌntʃ 〕 n. 午餐
    hunch[6] 〔 hʌntʃ 〕 n. 預感；直覺
    bunch[3] 〔 bʌntʃ 〕 n. (水果的) 串；(花) 束

21. **hypocrite**[6]〔'hɪpəˌkrɪt〕*n.*
偽君子
<u>hypocrisy</u>[6]〔hɪ'pɑkrəsɪ〕*n.*
偽善

22. **illusion**[6]〔ɪ'luʒən〕*n.* 幻覺
<u>illuminate</u>[6]〔ɪ'luməˌnet〕*v.*
照亮

23. **prison**[2]〔'prɪzn̩〕*n.* 監獄
<u>imprison</u>[6]〔ɪm'prɪzn̩〕*v.* 囚禁
<u>imprisonment</u>[6]
〔ɪm'prɪzn̩mənt〕*n.* 囚禁

24. **script**[6]〔skrɪpt〕*n.* 劇本；原稿
<u>manuscript</u>[6]〔'mænjəˌskrɪpt〕
n. 手稿
<u>transcript</u>[6]〔'trænˌskrɪpt〕*n.*
成績單

25. **mar**[6]〔mɑr〕*v.* 損傷；損毀
<u>Mars</u>〔mɑrz〕*n.* 火星

26. **acre**[4]〔'ekɚ〕*n.* 英畝
<u>massacre</u>[6]〔'mæsəkɚ〕*n.* 大屠殺
<u>massage</u>[5]〔mə'sɑʒ〕*n.* 按摩

27. **mat**[2]〔mæt〕*n.* 墊子
<u>mattress</u>[6]〔'mætrɪs〕*n.* 床墊

28. **medical**[3]〔'mɛdɪkl̩〕*adj.*
醫學的
<u>medication</u>[6]〔ˌmɛdɪ'keʃən〕*n.*
藥物治療；藥物

29. **meditate**[6]〔'mɛdəˌtet〕*v.* 沉思；
冥想
<u>meditation</u>[6]〔ˌmɛdə'teʃən〕*n.*
沉思；冥想

meditation

30. **yellow**[1]〔'jɛlo〕*adj.* 黃色的
<u>fellow</u>[2]〔'fɛlo〕*n.* 傢伙；
同伴
<u>mellow</u>[6]〔'mɛlo〕*adj.* 成熟的

31. **merchandise**[6]（'mɝtʃən,daɪz）
n. 商品
merchant[3]（'mɝtʃənt）*n.*
商人

32. **mental**[3]（'mɛntḷ）*adj.* 心理的
mentality[6]（mɛn'tælətɪ）*n.*
心態；看法

33. **merge**[6]（mɝdʒ）*v.* 合併
emerge[4]（ɪ'mɝdʒ）*v.* 出現

34. **mill**[3]（mɪl）*n.* 磨坊；磨粉機
miller[6]（'mɪlɚ）*n.* 磨坊主；
製粉業者

35. **moment**[1]（'momənt）*n.* 片刻；
時刻
momentum[6]（mo'mɛntəm）*n.*
動力

36. **moral**[3]（'mɔrəl）*adj.* 道德的
morality[6]（mɔ'rælətɪ）*n.*
道德
morale[6]（mo'ræl）*n.* 士氣

37. **rate**[3]（ret）*n.* 速率；比率
narrate[6]（'næret）*v.* 敘述

38. **wed**[2]（wɛd）*v.* 與…結婚
newlywed[6]（'njulɪ,wɛd）*n.*
新婚者

Are you newlyweds?

39. **news**[1]（njuz）*n.* 新聞；消息
newspaper[1]（'njuz,pepɚ）*n.*
報紙

newscast[5]（'njuz,kæst）*n.* 新聞
報導
newscaster[6]（'njuz,kæstɚ）*n.*
新聞播報員

40. **nominate**[5]（'nɑmə,net）*v.* 提名
nomination[6]（,nɑmə'neʃən）*n.*
提名
nominee[6]（,nɑmə'ni）*n.* 被提
名人

反覆不斷地唸英文，加深單字記憶。

1. **spire**[6]
inspire[4]
expire[6]

2. **imply**[4]
implicit[6]

3. **explain**[2]
explicit[6]

4. **curricular**
curriculum[5]
extracurricular[6]

5. **visible**[3]
feasible[6]
feast[4]

6. **fort**[4]
fortify[6]
forty[1]

7. **rail**[5]
frail[6]
fragile[6]

8. **gene**[4]
genetic[6]
genetics[6]

9. **armour**[5]
glamour[6]

10. **listen**[1]
glisten[6]

11. **rope**[1]
grope[6]

12. **habit**[2]
habitat[6]
inhabit[6]
inhabitant[6]

13. **care**[1]
caress[6]

14. **harass**[6]
harassment[6]

15. **lizard**[5]
hazard[6]
wizard[4]

16. **hospital**[2]
hospitalize[6]
hospitable[6]
hospitality[6]

17. **hostile**[5]
hostility[6]

18. **human**[1]
humanitarian[6]

19. **humid**[2]
humiliate[6]

20. **lunch**[1]
hunch[6]
bunch[3]

21. **hypocrite**[6]
hypocrisy[6]

22. **illusion**[6]
illuminate[6]

23. **prison**[2]
imprison[6]
imprisonment[6]

24. **script**[6]
manuscript[6]
transcript[6]

25. **mar**[6]
Mars

26. **acre**[4]
massacre[6]
massage[5]

27. **mat**[2]
mattress[6]

28. **medical**[3]
medication[6]

29. **meditate**[6]
meditation[6]

30. **yellow**[1]
fellow[2]
mellow[6]

31. **merchandise**[6]
merchant[3]

32. **mental**[3]
mentality[6]

33. **merge**[6]
emerge[4]

34. **mill**[3]
miller[6]

35. **moment**[1]
momentum[6]

36. **moral**[3]
morality[6]
morale[6]

37. **rate**[3]
narrate[6]

38. **wed**[2]
newlywed[6]

39. **news**[1]
newspaper[1]
newscast[5]
newscaster[6]

40. **nominate**[5]
nomination[6]
nominee[6]

不斷地看中文唸英文，能夠專心，有助於做翻譯題。

1. 尖塔
   激勵；給予靈感
   到期

2. 暗示
   暗示的

3. 解釋
   明確的

4. 課程的
   課程
   課外的

5. 看得見的
   可實行的
   盛宴

6. 堡壘
   強化
   四十

7. 欄杆；鐵路
   虛弱的
   脆弱的

8. 基因
   遺傳的
   遺傳學

9. 盔甲
   魅力

10. 聽
    閃爍

11. 繩子
    摸索

12. 習慣
    棲息地
    居住於
    居民

13. 在乎
    撫摸

14. 騷擾
    騷擾

15. 蜥蜴
    危險
    巫師

16. 醫院
    使住院
    好客的
    好客

17. 有敵意的
    敵意

18. 人
    人道主義者

19. 潮溼的
    使丟臉

20. 午餐
    預感；直覺
    （花）束

21. 偽君子
    偽善

22. 幻覺
    照亮

23. 監獄
    囚禁
    囚禁

24. 劇本；原稿
    手稿
    成績單

25. 損傷；損毀
    火星

26. 英畝
    大屠殺
    按摩

27. 墊子
    床墊

28. 醫學的
    藥物治療

29. 沉思；冥想
    沉思；冥想

30. 黃色的
    傢伙；同伴
    成熟的

31. 商品
    商人

32. 心理的
    心態；看法

33. 合併
    出現

34. 磨坊；磨粉機
    磨坊主

35. 片刻；時刻
    動力

36. 道德的
    道德
    士氣

37. 速率；比率
    敘述

38. 與…結婚
    新婚者

39. 新聞；消息
    報紙
    新聞報導
    新聞播報員

40. 提名
    提名
    被提名人

Unit 5 Exercise

※ 請根據上下文意，選出一個最正確的答案。

1. He _____ for the light switch in the dark room.
   (A) fortified   (B) groped
   (C) imprisoned   (D) hospitalized   ( )

2. The locals of Southern Taiwan are welcoming and _____.
   (A) explicit   (B) visible
   (C) hospitable   (D) curricular   ( )

3. Larry has a _____ ego, so don't say anything about his height.
   (A) fragile   (B) mellow
   (C) moral   (D) medical   ( )

4. Attending an Ivy League university is not _____ for most students.
   (A) humanitarian   (B) frail
   (C) feasible   (D) extracurricular   ( )

5. Sandy Tsai received an Oscar _____ for Best Supporting Actress.
   (A) habitat   (B) feast
   (C) script   (D) nomination   ( )

6. The diplomat's statement contained _____ criticism of the government.
   (A) genetic   (B) implicit
   (C) humid   (D) hospitable   ( )

7. This coupon for buy-one-get-one-free ice cream at the supermarket _____ tomorrow.

(A) explains   (B) caresses

(C) glistens   (D) expires   ( )

8. The English teacher tries hard not to _____ the students when correcting their grammar.

(A) inhabit   (B) inspire

(C) humiliate   (D) mar   ( )

9. The man who says he cares about the environment but doesn't recycle at home is a _____.

(A) harassment   (B) hypocrite

(C) manuscript   (D) miller   ( )

10. Gerald went to a Buddhist monastery where he spent three years in prayer and _____.

(A) mentality   (B) genetics

(C) meditation   (D) transcript   ( )

【答案】

1. (B)	2. (C)	3. (A)	4. (C)	5. (D)
6. (B)	7. (D)	8. (C)	9. (B)	10. (C)

Unit 6

1. **outright**[6] 〔'aʊt,raɪt 〕*adj.* 率直的；
完全的
<u>outset</u>[6] 〔'aʊt,sɛt 〕*n.* 開始

2. **nutrition**[6] 〔 nju'trɪʃən 〕*n.* 營養
<u>nutritious</u>[6] 〔 nju'trɪʃəs 〕*adj.*
有營養的
<u>nutrient</u>[6] 〔'njutrɪənt 〕*n.* 營養素
Vitamin C is a nutrient.
維生素 C 是一種營養素。

3. **oblige**[6] 〔 ə'blaɪdʒ 〕*v.* 使感激；
使有義務
<u>obligation</u>[6] 〔,ɑblə'geʃən 〕*n.*
義務

4. **spring**[1,2] 〔 sprɪŋ 〕*n.* 春天
v. 跳躍；冒出
<u>offspring</u>[6] 〔'ɔf,sprɪŋ 〕*n.* 子孫

5. **ramp**[6] 〔 ræmp 〕*n.* 坡道
<u>cramp</u>[6] 〔 kræmp 〕*n.* 抽筋

ramp

6. **option**[6] 〔'ɑpʃən 〕*n.* 選擇
<u>optional</u>[6] 〔'ɑpʃənḷ 〕*adj.* 可選
擇的

7. **deal**[1] 〔 dil 〕*v.* 處理
<u>ordeal</u>[6] 〔 ɔr'dil 〕*n.* 痛苦的經驗

8. **order**[1] 〔'ɔrdɚ 〕*n.* 命令；順序
<u>orderly</u>[6] 〔'ɔrdɚlɪ 〕*adj.* 整齊的

9. **organ**[2] 〔'ɔrgən 〕*n.* 器官
<u>organism</u>[6] 〔'ɔrgən,ɪzəm 〕*n.*
生物

10. **original**[3] 〔 ə'rɪdʒənḷ 〕*adj.*
最初的；原本的
<u>originate</u>[6] 〔 ə'rɪdʒə,net 〕*v.*
起源
<u>originality</u>[6] 〔 ə,rɪdʒə'nælətɪ 〕
n. 創意

11. **outdo**[5] 〔 aʊt'du 〕*v.* 勝過
<u>outnumber</u>[6] 〔 aʊt'nʌmbɚ 〕*v.*
比…多
You can outdo anyone.
你可以勝過任何人。

12. **rage**[4] 〔 redʒ 〕 *n.* 憤怒
<u>outrage</u>[6] 〔 'aut,redʒ 〕 *n.* 暴行
<u>outrageous</u>[6] 〔 aut'redʒəs 〕 *adj.*
殘暴的

13. **path**[2] 〔 pæθ 〕 *n.* 小徑
<u>pathetic</u>[6] 〔 pə'θɛtɪk 〕 *adj.*
可憐的

14. **pedal**[4] 〔 'pɛdl̩ 〕 *n.* 踏板　⎱ 同
<u>peddle</u>[6] 〔 'pɛdl̩ 〕 *v.* 沿街叫賣 ⎰ 音字
<u>peddler</u>[5] 〔 'pɛdlə 〕 *n.* 小販

15. **receive**[1] 〔 rɪ'siv 〕 *v.* 收到
<u>perceive</u>[5] 〔 pə'siv 〕 *v.* 察覺
<u>perception</u>[6] 〔 pə'sɛpʃən 〕 *n.*
知覺

16. **severe**[4] 〔 sə'vɪr 〕 *adj.* 嚴格的
<u>persevere</u>[6] 〔 ,pɜsə'vɪr 〕 *v.* 堅忍
<u>perseverance</u>[6] 〔 ,pɜsə'vɪrəns 〕
n. 毅力

17. **persist**[5] 〔 pə'zɪst , pə'sɪst 〕 *v.*
堅持;持續

18. **pest**[3] 〔 pɛst 〕 *n.* 害蟲
<u>pesticide</u>[6] 〔 'pɛstɪ,saɪd 〕 *n.*
殺蟲劑
<u>suicide</u>[3] 〔 'suə,saɪd 〕 *n.* 自殺

pesticide

persistent[6] 〔 pə'zɪstənt 〕 *adj.*
持續的
persistence[6] 〔 pə'zɪstəns 〕 *n.*
堅持

19. **phrase**[2] 〔 frez 〕 *n.* 片語
<u>phase</u>[6] 〔 fez 〕 *n.* 階段

20. **picture**[1] 〔 'pɪktʃə 〕 *n.* 圖畫;
照片
<u>picturesque</u>[6] 〔 ,pɪktʃə'rɛsk 〕
adj. 風景如畫的

21. **piety**[6] 〔 'paɪətɪ 〕 *n.* 虔誠;孝順
<u>pious</u>[6] 〔 'paɪəs 〕 *adj.* 虔誠的

22. **pipe**² 〔 paɪp 〕 *n.* 管子；煙斗

    pipeline⁶ 〔'paɪp,laɪn 〕 *n.* 管線

23. **pitch**² 〔 pɪtʃ 〕 *n.* 音調 *v.* 投擲

    pitcher⁶ 〔'pɪtʃɚ 〕 *n.* 投手

pitcher

24. **light**¹ 〔 laɪt 〕 *n.* 燈

    plight⁶ 〔 plaɪt 〕 *n.* 困境；苦境

25. **buckle**⁶ 〔'bʌkḷ 〕 *n.* 扣環

    v. 用扣環扣住

    chuckle⁶ 〔'tʃʌkḷ 〕 *v.* 咯咯地笑

    knuckle⁴ 〔'nʌkḷ 〕 *n.* 指關節

26. **calculate**⁴ 〔'kælkjə,let 〕 *v.*
    計算

    speculate⁶ 〔'spɛkjə,let 〕 *v.*
    推測

27. **wonder**² 〔'wʌndɚ 〕 *v.* 想知道

    n. 驚奇；奇觀

    ponder⁶ 〔'pɑndɚ 〕 *v.* 沉思

    pond¹ 〔 pɑnd 〕 *n.* 池塘

28. **predict**⁴ 〔 prɪ'dɪkt 〕 *v.* 預測

    prediction⁶ 〔 prɪ'dɪkʃən 〕 *n.*
    預測

29. **face**¹ 〔 fes 〕 *n.* 臉 *v.* 面對；
    使面對

    preface⁶ 〔'prɛfɪs 〕 *n.* 序言

30. **prescribe**⁶ 〔 prɪ'skraɪb 〕 *v.*
    開藥方；規定

    prescription⁶ 〔 prɪ'skrɪpʃən 〕
    n. 藥方

31. **preside**⁶ 〔 prɪ'zaɪd 〕 *v.* 主持

    president² 〔'prɛzədənt 〕 *n.*
    總統

    presidency⁶ 〔'prɛzədənsɪ 〕 *n.*
    總統的職位

32. **assume**[4] 〔 ə's(j)um 〕 *v.* 假定；
    認爲
    presume[6] 〔 prɪ'zum 〕 *v.* 假定
    resume[5] 〔 rɪ'zum 〕 *v.* 再繼續

33. **found**[3] 〔 faʊnd 〕 *v.* 建立
    profound[6] 〔 prə'faʊnd 〕 *adj.*
    深奧的

34. **region**[2] 〔'ridʒən 〕 *n.* 地區
    regime[6] 〔 rɪ'ʒim 〕 *n.* 政權
    【注意發音】

35. **prohibit**[6] 〔 pro'hɪbɪt 〕 *v.* 禁止
    prohibition[6] 〔,proə'bɪʃən 〕 *n.*
    禁止

36. **project**[2] 〔'prɑdʒɛkt 〕 *n.* 計劃
    〔 prə'dʒɛkt 〕 *v.* 投射
    projection[6] 〔 prə'dʒɛkʃən 〕 *n.*
    投射；突出物

37. **prone**[6] 〔 pron 〕 *adj.* 易於…的
    throne[5] 〔 θron 〕 *n.* 王位

38. **soda**[1] 〔'sodə 〕 *n.* 汽水
    panda[2] 〔'pændə 〕 *n.* 貓熊
    agenda[5] 〔 ə'dʒɛndə 〕 *n.* 議程
    propaganda[6] 〔,prɑpə'gændə 〕
    n. 宣傳

panda

39. **propel**[6] 〔 prə'pɛl 〕 *v.* 推進
    propeller[6] 〔 prə'pɛlɚ 〕 *n.*
    螺旋槳

propeller

40. **rose**[1] 〔 roz 〕 *n.* 玫瑰
    prose[6] 〔 proz 〕 *n.* 散文

反覆不斷地唸英文，加深單字記憶。

1. **outright**[6]
   outset[6]

2. **nutrition**[6]
   nutritious[6]
   nutrient[6]

3. **oblige**[6]
   obligation[6]

4. **spring**[1,2]
   offspring[6]

5. **ramp**[6]
   cramp[6]

6. **option**[6]
   optional[6]

7. **deal**[1]
   ordeal[6]

8. **order**[1]
   orderly[6]

9. **organ**[2]
   organism[6]

10. **original**[3]
    originate[6]
    originality[6]

11. **outdo**[5]
    outnumber[6]

12. **rage**[4]
    outrage[6]
    outrageous[6]

13. **path**[2]
    pathetic[6]

14. **pedal**[4]
    peddle[6]
    peddler[5]

15. **receive**[1]
    perceive[5]
    perception[6]

16. **severe**[4]
    persevere[6]
    perseverance[6]

17. **persist**[5]
    persistent[6]
    persistence[6]

18. **pest**[3]
    pesticide[6]
    suicide[3]

19. **phrase**[2]
    phase[6]

20. **picture**[1]
    picturesque[6]

21. **piety**[6]
    pious[6]

22. **pipe**[2]
    pipeline[6]

23. **pitch**[2]
    pitcher[6]

24. **light**[1]
    plight[6]

25. **buckle**[6]
    chuckle[6]
    knuckle[4]

26. **calculate**[4]
    speculate[6]

27. **wonder**[2]
    ponder[6]
    pond[1]

28. **predict**[4]
    prediction[6]

29. **face**[1]
    preface[6]

30. **prescribe**[6]
    prescription[6]

31. **preside**[6]
    president[2]
    presidency[6]

32. **assume**[4]
    presume[6]
    resume[5]

33. **found**[3]
    profound[6]

34. **region**[2]
    regime[6]

35. **prohibit**[6]
    prohibition[6]

36. **project**[2]
    projection[6]

37. **prone**[6]
    throne[5]

38. **soda**[1]
    panda[2]
    agenda[5]
    propaganda[6]

39. **propel**[6]
    propeller[6]

40. **rose**[1]
    prose[6]

不斷地看中文唸英文，能夠專心，有助於做翻譯題。

1. 率直的；完全的
   開始

2. 營養
   有營養的
   營養素

3. 使感激
   義務

4. 春天
   子孫

5. 坡道
   抽筋

6. 選擇
   可選擇的

7. 處理
   痛苦的經驗

8. 命令；順序
   整齊的

9. 器官
   生物

10. 最初的
    起源
    創意

11. 勝過
    比…多

12. 憤怒
    暴行
    殘暴的

13. 小徑
    可憐的

14. 踏板
    沿街叫賣
    小販

15. 收到
    察覺
    知覺

16. 嚴格的
    堅忍
    毅力

17. 堅持；持續
    持續的
    堅持

18. 害蟲
    殺蟲劑
    自殺

19. 片語
    階段

20. 圖畫；照片
    風景如畫的

21. 虔誠；孝順
    虔誠的

22. 管子；煙斗
    管線

23. 音調；投擲
    投手

24. 燈
    困境；苦境

25. 用扣環扣住
    咯咯地笑
    指關節

26. 計算
    推測

27. 想知道
    沉思
    池塘

28. 預測
    預測

29. 臉；面對
    序言

30. 開藥方；規定
    藥方

31. 主持
    總統
    總統的職位

32. 假定；認為
    假定
    再繼續

33. 建立
    深奧的

34. 地區
    政權

35. 禁止
    禁止

36. 計劃；投射
    投射

37. 易於…的
    王位

38. 汽水
    貓熊
    議程
    宣傳

39. 推進
    螺旋槳

40. 玫瑰
    散文

Unit 6 Exercise

※ 請根據上下文意，選出一個最正確的答案。

1. Tiffany's poetry was praised for its _____ and humor.
   (A) originality　　　　　(B) offspring
   (C) phase　　　　　　　(D) nutrient　　　　　　(　)

2. Once he stopped to _____ my argument, Oscar knew I was right.
   (A) ponder　　　　　　(B) peddle
   (C) originate　　　　　(D) poach　　　　　　　(　)

3. It is illegal to possess certain medications without a _____.
   (A) pipeline　　　　　(B) prescription
   (C) agenda　　　　　　(D) presidency　　　　　(　)

4. Bob said he didn't start the fire, but we know that was a(n) _____ lie.
   (A) optional　　　　　(B) nutritious
   (C) orderly　　　　　　(D) outright　　　　　　(　)

5. The new law _____ all bicycles on sidewalks except in marked bike lanes.
   (A) prohibits　　　　　(B) assumes
   (C) propels　　　　　　(D) deals　　　　　　　(　)

6. Proper _____ is important to a child's health.
   (A) rage　　　　　　　(B) pest
   (C) nutrition　　　　　(D) piety　　　　　　　(　)

7. The mountain valley village is famous for its _____ scenery and friendly residents.

(A) presidential
(B) severe
(C) picturesque
(D) persistent
( )

8. The government of that country is known for spreading _____ against its enemies.

(A) propaganda
(B) plight
(C) prohibition
(D) prose
( )

9. Europeans were not the _____ inhabitants of North America.

(A) pious
(B) pathetic
(C) original
(D) prone
( )

10. Contrary to popular belief, fruits and vegetables labeled "organic" are not always " _____ -free".

(A) cramp
(B) organism
(C) suicide
(D) pesticide
( )

【答案】

1. (A)	2. (A)	3. (B)	4. (D)	5. (A)
6. (C)	7. (C)	8. (A)	9. (C)	10. (D)

Unit 7

1. **prosecute**[6]〔'prɑsɪˌkjut 〕v.
起訴
prosecution[6]〔ˌprɑsɪ'kjuʃən 〕n.
起訴

2. **province**[5]〔'prɑvɪns 〕n. 省
provincial[6]〔 prə'vɪnʃəl 〕adj.
省的

3. **owl**[2]〔 aʊl 〕n. 貓頭鷹
prowl[6]〔 praʊl 〕v. 徘徊；遊蕩

owl

4. **pure**[3]〔 pjʊr 〕adj. 純粹的
purity[6]〔'pjʊrətɪ 〕n. 純淨

5. **qualify**[5]〔'kwɑləˌfaɪ 〕v. 使合
格；使有資格
qualification[6]〔ˌkwɑləfə'keʃən 〕
n. 資格

6. **quarrel**[3]〔'kwɔrəl 〕n. v. 爭吵
quarrelsome[6]〔'kwɔrəlsəm 〕
adj. 好爭吵的

7. **solid**[3]〔'sɑlɪd 〕adj. 固體的；
堅固的
solitary[5]〔'sɑləˌtɛrɪ 〕adj.
孤獨的
solidarity[6]〔ˌsɑlə'dærətɪ 〕n.
團結

8. **queer**[3]〔 kwɪr 〕adj. 奇怪的
query[6]〔'kwɪrɪ 〕v. n. 詢問

9. **question**[1]〔'kwɛstʃən 〕n.
問題
questionnaire[6]〔ˌkwɛstʃən'ɛr 〕
n. 問卷
millionaire[3]〔ˌmɪljən'ɛr 〕n.
百萬富翁

10. **race**[1]〔 res 〕n. 賽跑；種族
racial[3]〔'reʃəl 〕adj. 種族的
racism[6]〔'resɪzəm 〕n. 種族
主義

11. **radiate**[6]〔'redɪ,et〕*v.* 散發
    radiant[6]〔'redɪənt〕*adj.* 容光
    煥發的

    radiation[6]〔,redɪ'eʃən〕*n.*
    輻射線
    radiator[6]〔'redɪ,etɚ〕*n.* 暖爐；
    散熱器

12. **raft**[6]〔ræft〕*n.* 木筏；救生筏
    craft[4]〔kræft〕*n.* 技藝；技術
    draft[4]〔dræft〕*n.* 草稿

raft

13. **aid**[2]〔ed〕*n. v.* 幫助
    raid[6]〔red〕*n.* 襲擊
    braid[5]〔bred〕*n.* 辮子

14. **random**[6]〔'rændəm〕*adj.* 隨便的
    ransom[6]〔'rænsəm〕*n.* 贖金

15. **clean**[1]〔klin〕*adj.* 乾淨的
    cleanse[6]〔klɛnz〕*v.* 使清潔
    【注意發音】

16. **rebel**[4]〔rɪ'bɛl〕*v.* 反叛
    〔'rɛbl̩〕*n.* 叛徒
    rebellion[6]〔rɪ'bɛljən〕*n.* 叛亂

17. **pose**[2]〔poz〕*n.* 姿勢
    v. 擺姿勢
    posture[6]〔'pɑstʃɚ〕*n.* 姿勢

18. **commend**〔kə'mɛnd〕*v.* 稱讚
    recommend[5]〔,rɛkə'mɛnd〕*v.*
    推薦
    recommendation[6]
    〔,rɛkəmɛn'deʃən〕*n.* 推薦（函）

19. **creation**[4]〔krɪ'eʃən〕*n.* 創造
    recreation[4]〔,rɛkrɪ'eʃən〕*n.*
    娛樂
    recreational[6]〔,rɛkrɪ'eʃənl̩〕
    adj. 娛樂的

20. **occur**[2]〔ə'kɝ〕*v.* 發生
    recur[6]〔rɪ'kɝ〕*v.* 再發生

21. **refine**[6]〔rɪ'faɪn〕*v.* 精煉；
    使文雅
    refinement[6]〔rɪ'faɪnmənt〕*n.*
    文雅

22. **refresh**[4] 〔 rɪ'frɛʃ 〕 *v.* 使提神
<u>refreshment</u>[6] 〔 rɪ'frɛʃmənt 〕
n. 提神之物；(*pl.*) 點心

refreshments

23. **fund**[3] 〔 fʌnd 〕 *n.* 資金；基金
<u>refund</u>[6] 〔 rɪ'fʌnd 〕 *v.* 退 (錢)

24. **rein**[6] 〔 ren 〕 *n.* 韁繩
<u>reinforce</u>[6] 〔 ,riɪn'fors 〕 *v.*
增強【注意發音】

25. **delay**[2] 〔 dɪ'le 〕 *v.* 延遲；耽擱
<u>relay</u>[6] 〔 rɪ'le 〕 *v. n.* 轉播；接力

26. **relevant**[6] 〔'rɛləvənt 〕 *adj.*
有關連的
<u>irrelevant</u> 〔 ɪ'rɛləvənt 〕 *adj.*
無關的

27. **relic**[5] 〔'rɛlɪk 〕 *n.* 遺跡
<u>relish</u>[6] 〔'rɛlɪʃ 〕 *n. v.* 享受；滿足；
喜歡

28. **remain**[3] 〔 rɪ'men 〕 *v.* 留下；仍然
<u>remainder</u>[6] 〔 rɪ'mendɚ 〕 *n.*
剩餘部分

29. **reserve**[3] 〔 rɪ'zɝv 〕 *v.* 預訂；
保留
<u>reservoir</u>[6] 〔'rɛzɚ,vɔr , -,vwɑr 〕
n. 水庫【注意發音】

30. **gallery**[4] 〔'gælərɪ 〕 *n.* 畫廊
<u>galaxy</u>[6] 〔'gæləksɪ 〕 *n.* 銀河系

galaxy

31. **sight**[1] 〔 saɪt 〕 *n.* 視力；景象
<u>insight</u>[6] 〔'ɪn,saɪt 〕 *n.* 洞察力；
深入的了解

32. **tail**[1] 〔 tel 〕 *n.* 尾巴
retail[6] 〔'ritel 〕 *v. n.* 零售

33. **avenue**[3] 〔'ævə,nju 〕 *n.* 大道
revenue[6] 〔'rɛvə,nju 〕 *n.* 收入

34. **rhyme**[4] 〔 raɪm 〕 *v.* 押韻
rhythm[4] 〔'rɪðəm 〕 *n.* 節奏
rhythmic[6] 〔'rɪðmɪk 〕 *adj.* 有節奏的

35. **rid**[3] 〔 rɪd 〕 *v.* 除去
ridicule[6] 〔'rɪdɪ,kjul 〕 *v.* 嘲笑
ridiculous[5] 〔 rɪ'dɪkjələs 〕 *adj.* 荒謬的；可笑的

36. **vigor**[5] 〔'vɪgɚ 〕 *n.* 活力
vigorous[5] 〔'vɪgərəs 〕 *adj.* 精力充沛的；強有力的
rigorous[6] 〔'rɪgərəs 〕 *adj.* 嚴格的

37. **loyal**[4] 〔'lɔɪəl 〕 *adj.* 忠實的
loyalty[4] 〔'lɔɪəltɪ 〕 *n.* 忠實

royal[2] 〔'rɔɪəl 〕 *adj.* 皇家的
royalty[6] 〔'rɔɪəltɪ 〕 *n.* 王位；皇室

There is no royal road to learning. 【諺】學問無捷徑。

38. **guard**[2] 〔 gard 〕 *n.* 警衛
safeguard[6] 〔'sef,gard 〕 *v.* 保護
n. 保護措施
bodyguard[5] 〔'badɪ,gard 〕 *n.* 保鑣

39. **balloon**[1] 〔 bə'lun 〕 *n.* 氣球
saloon[6] 〔 sə'lun 〕 *n.* 酒館；酒吧
cartoon[2] 〔 kar'tun 〕 *n.* 卡通

saloon

40. **tune**[3] 〔 tjun 〕 *n.* 曲子
immune[6] 〔 ɪ'mjun 〕 *adj.* 免疫的

反覆不斷地唸英文，加深單字記憶。

1. **prosecute**[6]
prosecution[6]

2. **province**[5]
provincial[6]

3. **owl**[2]
prowl[6]

4. **pure**[3]
purity[6]

5. **qualify**[5]
qualification[6]

6. **quarrel**[3]
quarrelsome[6]

7. **solid**[3]
solitary[5]
solidarity[6]

8. **queer**[3]
query[6]

9. **question**[1]
questionnaire[6]
millionaire[3]

10. **race**[1]
racial[3]
racism[6]

11. **radiate**[6]
radiant[6]
radiation[6]
radiator[6]

12. **raft**[6]
craft[4]
draft[4]

13. **aid**[2]
raid[6]
braid[5]

14. **random**[6]
ransom[6]

15. **clean**[1]
cleanse[6]

16. **rebel**[4]
rebellion[6]

17. **pose**[2]
posture[6]

18. **commend**
recommend[5]
recommendation[6]

19. **creation**[4]
recreation[4]
recreational[6]

20. **occur**[2]
recur[6]

21. **refine**[6]
refinement[6]

22. **refresh**[4]
refreshment[6]

23. **fund**[3]
refund[6]

24. **rein**[6]
reinforce[6]

25. **delay**[2]
relay[6]

26. **relevant**[6]
irrelevant

27. **relic**[5]
relish[6]

28. **remain**[3]
remainder[6]

29. **reserve**[3]
reservoir[6]

30. **gallery**[4]
galaxy[6]

31. **sight**[1]
insight[6]

32. **tail**[1]
retail[6]

33. **avenue**[3]
revenue[6]

34. **rhyme**[4]
rhythm[4]
rhythmic[6]

35. **rid**[3]
ridicule[6]
ridiculous[5]

36. **vigor**[5]
vigorous[5]
rigorous[6]

37. **loyal**[4]
loyalty[4]

royal[2]
royalty[6]

38. **guard**[2]
safeguard[6]
bodyguard[5]

39. **balloon**[1]
saloon[6]
cartoon[2]

40. **tune**[3]
immune[6]

不斷地看中文唸英文，能夠專心，有助於做翻譯題。

1. 起訴 起訴	11. 散發 容光煥發的	20. 發生 再發生	32. 尾巴 零售
2. 省 省的	輻射線 暖爐；散熱器	21. 精煉；使文雅 文雅	33. 大道 收入
3. 貓頭鷹 徘徊；遊蕩	12. 木筏；救生筏 技藝 草稿	22. 使提神 提神之物	34. 押韻 節奏 有節奏的
4. 純粹的 純淨	13. 幫助 襲擊 辮子	23. 資金；基金 退（錢） 24. 韁繩	35. 除去 嘲笑 荒謬的
5. 使合格 資格	14. 隨便的 贖金	增強 25. 延遲 轉播；接力	36. 活力 精力充沛的 嚴格的
6. 爭吵 好爭吵的	15. 乾淨的 使清潔	26. 有關連的 無關的	37. 忠實的 忠實
7. 固體的 孤獨的 團結	16. 反叛 叛亂	27. 遺跡 享受；滿足；喜歡	皇家的 王位；皇室
8. 奇怪的 詢問	17. 姿勢 姿勢	28. 留下；仍然 剩餘部分	38. 警衛 保護 保鑣
9. 問題 問卷 百萬富翁	18. 稱讚 推薦 推薦（函）	29. 預訂；保留 水庫	39. 氣球 酒館；酒吧 卡通
10. 賽跑；種族 種族的 種族主義	19. 創造 娛樂 娛樂的	30. 畫廊 銀河系 31. 視力；景象 洞察力	40. 曲子 免疫的

Unit 7 Exercise

※ 請根據上下文意，選出一個最正確的答案。

1. Light and heat _____ from the sun.

   (A) rebel   (B) commend

   (C) radiate   (D) refresh   ( )

2. The building's concrete walls are _____ by steel beams.

   (A) reserved   (B) remained

   (C) reinforced   (D) ridiculed   ( )

3. The sign in the department store says: "Shoplifters will be _____."

   (A) qualified   (B) prosecuted

   (C) recommended   (D) refined   ( )

4. The country's economy has experienced several years of _____ growth.

   (A) solitary   (B) racial

   (C) random   (D) vigorous   ( )

5. The landlord promised to _____ our deposit by the end of the month.

   (A) refund   (B) lay

   (C) pose   (D) rid   ( )

6. They asked Sarah to play the tambourine even though she has no _____ ability.

   (A) rhythmic   (B) loyal

   (C) royal   (D) quarrelsome   ( )

7. The marketing survey consists of a simple _____ about online shopping habits.

    (A) province   (B) questionnaire

    (C) millionaire   (D) concession   (   )

8. The kidnappers demanded a $1 million _____ for the safe return of the little girl.

    (A) radiator   (B) braid

    (C) relic   (D) ransom   (   )

9. The blood test will tell whether you are _____ to the disease.

    (A) rigorous   (B) irrelevant

    (C) immune   (D) ridiculous   (   )

10. _____ will be served at the business meeting.

    (A) Crafts   (B) Rafts

    (C) Refreshments   (D) Remainders   (   )

【答案】

1. (C)   2. (C)   3. (B)   4. (D)   5. (A)

6. (A)   7. (B)   8. (D)   9. (C)   10. (C)

Unit 8

1. **duty**[2] (ˈdjutɪ) *n.* 責任；關稅
   <u>deputy</u>[6] (ˈdɛpjətɪ) *adj.* 副的；
   代理的

2. **sane**[6] (sen) *adj.* 頭腦清醒的
   <u>insane</u> (ɪnˈsen) *adj.* 瘋狂的
   <u>sanitation</u>[6] (ˌsænəˈteʃən) *n.*
   衛生

3. **scene**[1] (sin) *n.* 風景；場景
   <u>scenery</u>[4] (ˈsinərɪ) *n.* 風景
   【集合名詞】
   <u>scenic</u>[6] (ˈsinɪk) *adj.* 風景優美的

4. **sector**[6] (ˈsɛktɚ) *n.* 部門
   <u>section</u>[2] (ˈsɛkʃən) *n.* 部分
   <u>intersection</u>[6] (ˌɪntɚˈsɛkʃən) *n.*
   十字路口

5. **cope**[4] (kop) *v.* 處理
   <u>scope</u>[6] (skop) *n.* 範圍
   <u>telescope</u>[4] (ˈtɛləˌskop)
   n. 望遠鏡

   telescope

6. **fundamental**[4] (ˌfʌndəˈmɛntl̩)
   adj. 基本的
   <u>sentimental</u>[6] (ˌsɛntəˈmɛntl̩)
   adj. 多愁善感的；感傷的

7. **sequence**[6] (ˈsikwəns) *n.* 連續；
   一連串
   <u>eloquence</u>[6] (ˈɛləkwəns) *n.*
   雄辯；口才
   <u>consequence</u>[4] (ˈkɑnsəˌkwɛns)
   n. 後果

8. **serene**[6] (səˈrin) *adj.* 寧靜的
   <u>Serena</u> (səˈrinə) *n.*
   莎莉娜【人名】
   <u>serenity</u>[6] (səˈrɛnətɪ)
   n. 寧靜

   SERENA

9. **sew**[3] (so) *v.* 縫紉；縫製
   <u>sewing</u> (ˈsoɪŋ) *n.* 縫製；縫補
   <u>sewer</u>[6] (ˈsoɚ) *n.* 裁縫師；
   (suɚ) 下水道

10. **sheep**[1] (ʃip) *n.* 綿羊
    【單複數同形】
    <u>sheer</u>[6] (ʃɪr) *adj.* 全然的
    <u>sheet</u>[1] (ʃit) *n.* 床單；一張（紙）

11. **lift**[1]〔 lɪft 〕 v. 舉起；偷
    shoplift[6]〔ˈʃɑpˌlɪft〕 v. 順手牽羊
    shoplifter〔ˈʃɑpˌlɪftɚ〕 n. 順手
    牽羊者

12. **siege**[6]〔 sidʒ 〕 n. 圍攻
    besiege[6]〔 bɪˈsidʒ 〕 v. 圍攻

13. **flare**[6]〔 flɛr 〕 v.（火光）搖曳
    glare[5]〔 glɛr 〕 v. 怒視　n. 強光
    declare[4]〔 dɪˈklɛr 〕 v. 宣佈

14. **lone**[2]〔 lon 〕 adj. 孤單的
    clone[6]〔 klon 〕 n. 複製的生物
    v. 複製
    hormone[6]〔ˈhɔrmon〕 n.
    荷爾蒙

15. **skeleton**[5]〔ˈskɛlətn̩〕 n. 骨骼；
    骸骨
    skeptical[6]〔ˈskɛptɪkl̩〕 adj.
    懷疑的
    theoretical[6]〔ˌθiəˈrɛtɪkl̩〕 adj.
    理論上的

16. **skin**[1]〔 skɪn 〕 n. 皮膚
    skim[6]〔 skɪm 〕 v. 略讀；瀏覽
    slim[2]〔 slɪm 〕 adj. 苗條的

17. **slash**[6]〔 slæʃ 〕 v. 鞭打
    splash[3]〔 splæʃ 〕 v. 濺起
    eyelash[5]〔ˈaɪˌlæʃ〕 n. 睫毛

18. **slave**[3]〔 slev 〕 n. 奴隸
    slavery[6]〔ˈslevərɪ〕 n. 奴隸制度

19. **edge**[1]〔 ɛdʒ 〕 n. 邊緣
    hedge[5]〔 hɛdʒ 〕 n. 樹籬
    sledge[6]〔 slɛdʒ 〕 n. 雪橇
    pledge[5]〔 plɛdʒ 〕 v. 保證；發誓

hedge

20. **acquire**[4]〔 əˈkwaɪr 〕 v. 獲得；
    學會
    acquisition[6]〔ˌækwəˈzɪʃən〕 n.
    獲得；增添之圖書
    inquire[5]〔 ɪnˈkwaɪr 〕 v. 詢問
    inquiry[6]〔 ɪnˈkwaɪrɪ 〕 n. 詢問

21. **snack**[2] 〔snæk〕 *n.* 點心
    smack[6] 〔smæk〕 *v.* 打⋯耳光
    (= *slap*[5])

22. **pox** 〔pɑks〕 *n.* 天花
    smallpox[6] 〔'smɔl,pɑks〕 *n.* 天花
    chickenpox 〔'tʃɪkən,pɑks〕 *n.*
    水痘

23. **mother**[1] 〔'mʌðɚ〕 *n.* 母親
    smother[6] 〔'smʌðɚ〕 *v.* 悶死
    smog[4] 〔smɑg〕 *n.* 霧霾；煙霧

24. **giggle**[4] 〔'gɪgḷ〕 *v.* 吃吃地笑
    smuggle[6] 〔'smʌgḷ〕 *v.* 走私
    struggle[2] 〔'strʌgḷ〕 *v.* 掙扎

25. **hare** 〔hɛr〕 *n.* 野兔
    snare[6] 〔snɛr〕 *n.* 陷阱
    snail[2] 〔snel〕 *n.* 蝸牛

26. **sneak**[5] 〔snik〕 *v.* 偷偷地走
    sneaky[6] 〔'snikɪ〕 *adj.* 鬼鬼祟祟
    的；偷偷摸摸的
    sneakers[5] 〔'snikɚz〕 *n. pl.*
    運動鞋

sneakers

27. **locate**[2] 〔'loket〕 *v.* 使位於
    allocate[6] 〔'ælə,ket〕 *v.* 分配
    suffocate[6] 〔'sʌfə,ket〕 *v.* 窒息

28. **noodle**[2] 〔'nudḷ〕 *n.* 麵
    hurdle[6] 〔'hɝdḷ〕 *n.* 障礙物；跨欄

hurdle

29. **welfare**[4] 〔'wɛl,fɛr〕 *n.* 福利
    warfare[6] 〔'wɔr,fɛr〕 *n.* 戰爭
    (= *war*[1])

30. **spectacle**[5] 〔'spɛktəkḷ〕 *n.*
    壯觀的場面；(*pl.*) 眼鏡
    spectacular[6] 〔spɛk'tækjəlɚ〕
    adj. 壯觀的

    spectator[5] 〔'spɛktetɚ〕 *n.* 觀眾
    spectrum[6] 〔'spɛktrəm〕 *n.* 光譜

Red   Yellow   Blue   Violet
Orange   Green   Indigo
spectrum

31. **reference**[4]〔'rɛfərəns 〕 *n.* 參考
inference[6] 〔'ɪnfərəns 〕 *n.*
推論

32. **sole**[5] 〔 sol 〕 *adj.* 唯一的
solitude[6] 〔'salə,tjud 〕 *n.*
孤獨

33. **sphere**[6] 〔 sfɪr 〕 *n.* 球體
hemisphere[6] 〔'hɛməs,fɪr 〕 *n.*
半球

34. **spokesman** 〔'spoksmən 〕
n. 發言人
spokesperson[6] 〔'spoks,pɝsn̩ 〕
n. 發言人
chairperson[5] 〔'tʃɛr,pɝsn̩ 〕
n. 主席

35. **spine**[5] 〔 spaɪn 〕 *n.* 脊椎骨
spiral[6] 〔'spaɪrəl 〕 *adj.* 螺旋的

spiral

36. **sponge**[5] 〔 spʌndʒ 〕 *n.* 海綿
【注意發音】
sponsor[6] 〔'spɑnsɚ 〕 *n.* 贊助者
v. 贊助

37. **raw**[3] 〔 rɔ 〕 *adj.* 生的
crawl[3] 〔 krɔl 〕 *v.* 爬行
sprawl[6] 〔 sprɔl 〕 *v.* 手腳張開地
躺著

sprawl

38. **stable**[3] 〔'stebl̩ 〕 *adj.* 穩定的
staple[6] 〔'stepl̩ 〕 *n.* 釘書針
stapler[6] 〔'steplɚ 〕 *n.* 釘書機

39. **decline**[6] 〔 dɪ'klaɪn 〕 *v.* 拒絕；衰退
incline[6] 〔 ɪn'klaɪn 〕 *v.* 使傾向於

40. **squat**[5] 〔 skwɑt 〕 *v.* 蹲（下）
squad[6] 〔 skwɑd 〕 *n.* 一隊；
一組
squash[5,6] 〔 skwɑʃ 〕 *v.* 壓扁
n. 南瓜

squash

反覆不斷地唸英文，加深單字記憶。

1. **duty**[2]
   deputy[6]

2. **sane**[6]
   insane
   sanitation[6]

3. **scene**[1]
   scenery[4]
   scenic[6]

4. **sector**[6]
   section[2]
   intersection[6]

5. **cope**[4]
   scope[6]
   telescope[4]

6. **fundamental**[4]
   sentimental[6]

7. **sequence**[6]
   eloquence[6]
   consequence[4]

8. **serene**[6]
   Serena
   serenity[6]

9. **sew**[3]
   sewing
   sewer[6]

10. **sheep**[1]
    sheer[6]
    sheet[1]

11. **lift**[1]
    shoplift[6]
    shoplifter

12. **siege**[6]
    besiege[6]

13. **flare**[6]
    glare[5]
    declare[4]

14. **lone**[2]
    clone[6]
    hormone[6]

15. **skeleton**[5]
    skeptical[6]
    theoretical[6]

16. **skin**[1]
    skim[6]
    slim[2]

17. **slash**[6]
    splash[3]
    eyelash[5]

18. **slave**[3]
    slavery[6]

19. **edge**[1]
    hedge[5]
    sledge[6]
    pledge[5]

20. **acquire**[4]
    acquisition[6]
    inquire[5]
    inquiry[6]

21. **snack**[2]
    smack[6]

22. **pox**
    smallpox[6]
    chickenpox

23. **mother**[1]
    smother[6]
    smog[4]

24. **giggle**[4]
    smuggle[6]
    struggle[2]

25. **hare**
    snare[6]
    snail[2]

26. **sneak**[5]
    sneaky[6]
    sneakers[5]

27. **locate**[2]
    allocate[6]
    suffocate[6]

28. **noodle**[2]
    hurdle[6]

29. **welfare**[4]
    warfare[6]

30. **spectacle**[5]
    spectacular[6]
    spectator[5]
    spectrum[6]

31. **reference**[4]
    inference[6]

32. **sole**[5]
    solitude[6]

33. **sphere**[6]
    hemisphere[6]

34. **spokesman**
    spokesperson[6]
    chairperson[5]

35. **spine**[5]
    spiral[6]

36. **sponge**[5]
    sponsor[6]

37. **raw**[3]
    crawl[3]
    sprawl[6]

38. **stable**[3]
    staple[6]
    stapler[6]

39. **decline**[6]
    incline[6]

40. **squat**[5]
    squad[6]
    squash[5,6]

不斷地看中文唸英文，能夠專心，有助於做翻譯題。

1. 責任；關稅
   副的

2. 頭腦清醒的
   瘋狂的
   衛生

3. 風景；場景
   風景
   風景優美的

4. 部門
   部分
   十字路口

5. 處理
   範圍
   望遠鏡

6. 基本的
   多愁善感的

7. 連續
   雄辯；口才
   後果

8. 寧靜的
   莎莉娜
   寧靜

9. 縫紉
   縫製
   裁縫師

10. 綿羊
    全然的
    床單

11. 舉起；偷
    順手牽羊
    順手牽羊者

12. 圍攻
    圍攻

13. （火光）搖曳
    怒視；強光
    宣佈

14. 孤單的
    複製的生物
    荷爾蒙

15. 骨骼；骸骨
    懷疑的
    理論上的

16. 皮膚
    略讀；瀏覽
    苗條的

17. 鞭打
    濺起
    睫毛

18. 奴隸
    奴隸制度

19. 邊緣
    樹籬

    雪橇
    保證；發誓

20. 獲得
    獲得

    詢問
    詢問

21. 點心
    打…耳光

22. 天花
    天花
    水痘

23. 母親
    悶死
    霧霾；煙霧

24. 吃吃地笑
    走私
    掙扎

25. 野兔
    陷阱
    蝸牛

26. 偷偷地走
    鬼鬼祟祟的
    運動鞋

27. 使位於
    分配
    窒息

28. 麵
    障礙物；跨欄

29. 福利
    戰爭

30. 壯觀的場面
    壯觀的

    觀眾
    光譜

31. 參考
    推論

32. 唯一的
    孤獨

33. 球體
    半球

34. 發言人
    發言人
    主席

35. 脊椎骨
    螺旋的

36. 海綿
    贊助者

37. 生的
    爬行
    手腳張開地躺著

38. 穩定的
    釘書針
    釘書機

39. 拒絕；衰退
    使傾向於

40. 蹲（下）
    一隊；一組
    壓扁；南瓜

Unit 8 Exercise

※ 請根據上下文意，選出一個最正確的答案。

1. He _____ the pages of the book.
   - (A) splashed
   - (B) pledged
   - (C) smacked
   - (D) skimmed   (　)

2. The shop _____ in building custom motorcycles.
   - (A) locates
   - (B) specializes
   - (C) squats
   - (D) squashes   (　)

3. She is convinced the plan will work, but he remains _____.
   - (A) slim
   - (B) skeptical
   - (C) scenic
   - (D) fundamental   (　)

4. She's a _____ girl who cherishes every gift she's ever received.
   - (A) sheer
   - (B) deputy
   - (C) theoretical
   - (D) sentimental   (　)

5. He is a _____ man who will use dirty tricks to get what he wants.
   - (A) sole
   - (B) spiral
   - (C) significant
   - (D) sneaky   (　)

6. The _____ enables scientists to look deep into the universe.
   - (A) telescope
   - (B) snack
   - (C) snare
   - (D) squad   (　)

7. As a teenager, he was caught _____ candy bars from the convenience store.

   (A) besieging   (B) shoplifting

   (C) smothering   (D) slashing   (   )

8. When Linda came home, she found Jeff _____ out on the couch, taking a nap.

   (A) sprawled   (B) lifted

   (C) inquired   (D) coped   (   )

9. Hong Kong celebrates Chinese New Year with a(n) _____ fireworks display over Victoria Harbor.

   (A) raw   (B) stable

   (C) spectacular   (D) insane   (   )

10. Contaminated water and poor _____ help to promote the spread of infectious diseases in Third World countries.

   (A) scenery   (B) serenity

   (C) sanitation   (D) scope   (   )

【答案】

| 1. (D) | 2. (B) | 3. (B) | 4. (D) | 5. (D) |
| 6. (A) | 7. (B) | 8. (A) | 9. (C) | 10. (C) |

Unit 9

1. **arch**[4]〔artʃ〕*n.* 拱門
   underline:**starch**[6]〔startʃ〕*n.* 澱粉

arch

2. **mouse**[1]〔maʊs〕*n.* 老鼠；滑鼠
   blouse[3]〔blaʊz〕*n.* 女用上衣
   spouse[6]〔spaʊz〕*n.* 配偶

3. **stimulate**[6]〔'stɪmjə,let〕*v.* 刺激
   stimulation[6]〔,stɪmjə'leʃən〕*n.*
   刺激
   stimulus[6]〔'stɪmjələs〕*n.*
   刺激（物）

4. **statue**[3]〔'stætʃʊ〕*n.* 雕像
   stature[6]〔'stætʃə〕
   n. 身高
   status[4]〔'stetəs〕
   n. 地位

statue

5. **angle**[3]〔'æŋgl̩〕*n.* 角度
   strangle[6]〔'stræŋgl̩〕*v.* 勒死

stranger[2]〔'strendʒə〕*n.*
陌生人

6. **strategy**[3]〔'strætədʒɪ〕*n.* 策略
   strategic[6]〔strə'tidʒɪk〕*adj.*
   戰略上的

7. **stun**[5]〔stʌn〕*v.* 使大吃一驚
   stunt[6]〔stʌnt〕*n.* 特技

stunt man　特技演員

8. **exercise**[2]〔'ɛksə,saɪz〕*v. n.*
   運動
   concise[6]〔kən'saɪs〕*adj.*
   簡明的

9. **subscribe**[6]〔səb'skraɪb〕*v.*
   訂閱
   subscription[6]〔səb'skrɪpʃən〕
   n. 訂閱

10. **substitute**[5]〔'sʌbstə,tjut〕*v.*
用…代替
<u>substitution</u>[6]〔,sʌbstə'tjuʃən〕
n. 代替；替換

11. **institute**[5]〔'ɪnstə,tjut〕*n.* 協會；
學院
<u>institution</u>[6]〔,ɪnstə'tjuʃən〕*n.*
機構

12. **title**[2]〔'taɪtḷ〕*n.* 標題；名稱；
頭銜
<u>subtle</u>[6]〔'sʌtḷ〕*adj.* 微妙的；
細膩的【b 不發音】

13. **urban**[4]〔'ɝbən〕*adj.* 都市的
<u>suburban</u>[6]〔sə'bɝbən〕*adj.*
郊外的

14. **bazaar**[5]〔bə'zɑr〕*n.* 市集；
市場
<u>bizarre</u>[6]〔bɪ'zɑr〕*adj.* 古怪的

15. **sweet**[1]〔swit〕*adj.* 甜的 ⎱ 同
<u>suite</u>[6]〔swit〕*n.* 套房 ⎰ 音字
<u>suit</u>[2]〔sut〕*v.* 適合　*n.* 西裝

16. **super**[1]〔'supɚ〕*adj.* 超級的；
極好的
<u>superb</u>[6]〔sʊ'pɝb〕*adj.* 極好的
<u>superiority</u>[6]〔sə,pɪrɪ'ɔrətɪ〕*n.*
優秀

17. **supersonic**[6]〔,supɚ'sɑnɪk〕*adj.*
超音速的
<u>supervision</u>[6]〔,supɚ'vɪʒən〕*n.*
監督
<u>superstitious</u>[6]〔,supɚ'stɪʃəs〕
adj. 迷信的

18. **pass**[1]〔pæs〕*v.* 經過
<u>surpass</u>[6]〔sɚ'pæs〕*v.* 超越
<u>overpass</u>[2]〔'ovɚ,pæs〕*n.* 天橋
<u>underpass</u>[4]〔'ʌndɚ,pæs〕*n.*
地下道

overpass

19. **plus**[2]〔plʌs〕*prep.* 加上
<u>surplus</u>[6]〔'sɝplʌs〕*n.* 剩餘

20. **suspend**[5] 〔 sə'spɛnd 〕 v. 暫停；
使停職
suspense[6] 〔 sə'spɛns 〕 n. 懸疑

21. **comprise**[6] 〔 kəm'praɪz 〕 v.
組成；包含
enterprise[5] 〔'ɛntɚ,praɪz 〕 n.
企業

22. **mechanic**[4] 〔 mə'kænɪk 〕
n. 技工
mechanical[4] 〔 mə'kænɪkḷ 〕
adj. 機械的
mechanism[6] 〔'mɛkə,nɪzəm 〕
n. 機制

23. **condemn**[5] 〔 kən'dɛm 〕 v. 譴責
condense[6] 〔 kən'dɛns 〕 v. 濃縮

24. **tariff**[6] 〔'tærɪf 〕 n. 關稅
sheriff[5] 〔'ʃɛrɪf 〕 n. 警長

sheriff

25. **contact**[2] 〔'kɑntækt 〕 n. 接觸；
聯絡
intact[6] 〔 ɪn'tækt 〕 adj. 完整的

26. **temper**[3] 〔'tɛmpɚ 〕 n. 脾氣
temperament[6] 〔'tɛmpərəmənt 〕
n. 性情
tempest[6] 〔'tɛmpɪst 〕 n. 暴風雨；
騷動

27. **text**[3] 〔 tɛkst 〕 n. 內文
textile[6] 〔'tɛkstḷ 〕 n. 紡織品
adj. 紡織的
texture[6] 〔'tɛkstʃɚ 〕 n. 質地；
口感

28. **theater**[2] 〔'θiətɚ 〕 n. 戲院
theatrical[6] 〔 θɪ'ætrɪkḷ 〕 adj.
戲劇的

29. **retort**[5] 〔 rɪ'tɔrt 〕 v. 反駁
distort[6] 〔 dɪs'tɔrt 〕 v. 使扭曲

30. **therapy**[6] 〔'θɛrəpɪ 〕 n. 治療法
therapist[6] 〔'θɛrəpɪst 〕 n.
治療學家

31. **thereafter**[6] 〔ðɛr'æftɚ 〕*adv.*
其後；從那時以後
thereby[6] 〔ðɛr'baɪ 〕*adv.* 藉以

32. **may**[1] 〔me 〕*aux.* 可能；可以
dismay[6] 〔dɪs'me 〕*n.* 驚慌

33. **thrift**[6] 〔θrɪft 〕*n.* 節儉
thrifty[6] 〔'θrɪftɪ 〕*adj.* 節儉的

34. **rob**[3] 〔rab 〕*v.* 搶劫
throb[6] 〔θrab 〕*v.* 陣陣跳動

35. **roll**[1] 〔rol 〕*v.* 滾動
toll[6] 〔tol 〕*n.* 死傷人數
poll[3] 〔pol 〕*n.* 民意調查

36. **top**[1] 〔tap 〕*n.* 頂端
topple[6] 〔'tapḷ 〕*v.* 推翻
topic[2] 〔'tapɪk 〕*n.* 主題

37. **tranquil**[6] 〔'træŋkwɪl 〕*adj.*
寧靜的
tranquilizer[6] 〔'træŋkwɪ͵laɪzɚ 〕
n. 鎮靜劑

38. **action**[1] 〔'ækʃən 〕*n.* 行動
transaction[6] 〔træns'ækʃən 〕*n.*
交易

39. **form**[2] 〔fɔrm 〕*v.* 形成
n. 形式
transform[4] 〔træns'fɔrm 〕*v.*
轉變
transformation[6]
〔͵trænsfɚ'meʃən 〕*n.* 轉變

Transformers

40. **transit**[6] 〔'trænsɪt 〕*n.* 運送
transition[6] 〔træn'zɪʃən 〕*n.*
過渡期
transistor[6] 〔træn'zɪstɚ 〕*n.*
電晶體

反覆不斷地唸英文，加深單字記憶。

1. **arch**[4]
starch[6]

2. **mouse**[1]
blouse[3]
spouse[6]

3. **stimulate**[6]
stimulation[6]
stimulus[6]

4. **statue**[3]
stature[6]
status[4]

5. **angle**[3]
strangle[6]
stranger[2]

6. **strategy**[3]
strategic[6]

7. **stun**[5]
stunt[6]

8. **exercise**[2]
concise[6]

9. **subscribe**[6]
subscription[6]

10. **substitute**[5]
substitution[6]

11. **institute**[5]
institution[6]

12. **title**[2]
subtle[6]

13. **urban**[4]
suburban[6]

14. **bazaar**[5]
bizarre[6]

15. **sweet**[1]
suite[6]
suit[2]

16. **super**[1]
superb[6]
superiority[6]

17. **supersonic**[6]
supervision[6]
superstitious[6]

18. **pass**[1]
surpass[6]
overpass[2]
underpass[4]

19. **plus**[2]
surplus[6]

20. **suspend**[5]
suspense[6]

21. **comprise**[6]
enterprise[5]

22. **mechanic**[4]
mechanical[4]
mechanism[6]

23. **condemn**[5]
condense[6]

24. **tariff**[6]
sheriff[5]

25. **contact**[2]
intact[6]

26. **temper**[3]
temperament[6]
tempest[6]

27. **text**[3]
textile[6]
texture[6]

28. **theater**[2]
theatrical[6]

29. **retort**[5]
distort[6]

30. **therapy**[6]
therapist[6]

31. **thereafter**[6]
thereby[6]

32. **may**[1]
dismay[6]

33. **thrift**[6]
thrifty[6]

34. **rob**[3]
throb[6]

35. **roll**[1]
toll[6]
poll[3]

36. **top**[1]
topple[6]
topic[2]

37. **tranquil**[6]
tranquilizer[6]

38. **action**[1]
transaction[6]

39. **form**[2]
transform[4]
transformation[6]

40. **transit**[6]
transition[6]
transistor[6]

不斷地看中文唸英文，能夠專心，有助於做翻譯題。

1. 拱門
   澱粉

2. 老鼠；滑鼠
   女用上衣
   配偶

3. 刺激
   刺激
   刺激（物）

4. 雕像
   身高
   地位

5. 角度
   勒死
   陌生人

6. 策略
   戰略上的

7. 使大吃一驚
   特技

8. 運動
   簡明的

9. 訂閱
   訂閱

10. 用…代替
    代替；替換

11. 協會；學院
    機構

12. 標題；名稱
    微妙的；細膩的

13. 都市的
    郊外的

14. 市集；市場
    古怪的

15. 甜的
    套房
    適合；西裝

16. 超級的；極好的
    極好的
    優秀

17. 超音速的
    監督
    迷信的

18. 經過
    超越

    天橋
    地下道

19. 加上
    剩餘

20. 暫停；使停職
    懸疑

21. 組成；包含
    企業

22. 技工
    機械的
    機制

23. 譴責
    濃縮

24. 關稅
    警長

25. 接觸；聯絡
    完整的

26. 脾氣
    性情
    暴風雨

27. 內文
    紡織品
    質地；口感

28. 戲院
    戲劇的

29. 反駁
    使扭曲

30. 治療法
    治療學家

31. 其後
    藉以

32. 可能；可以
    驚慌

33. 節儉
    節儉的

34. 搶劫
    陣陣跳動

35. 滾動
    死傷人數
    民意調查

36. 頂端
    推翻
    主題

37. 寧靜的
    鎮靜劑

38. 行動
    交易

39. 形成；形式
    轉變
    轉變

40. 運送
    過渡期
    電晶體

Unit 9 Exercise

※ 請根據上下文意，選出一個最正確的答案。

1. Her skin has a smooth _____.

   (A) texture　　　　　　(B) statue

   (C) transition　　　　　(D) angle　　　　　　（　）

2. The novel _____ her imagination.

   (A) strangled　　　　　(B) stimulated

   (C) toppled　　　　　　(D) objected　　　　　（　）

3. Few windows were left _____ during the typhoon.

   (A) supersonic　　　　　(B) objective

   (C) intact　　　　　　　(D) subtle　　　　　　（　）

4. Much to his _____, he failed the driver's test again.

   (A) stature　　　　　　(B) superiority

   (C) dismay　　　　　　(D) stimulation　　　　（　）

5. The army _____ the intruders from the region.

   (A) expelled　　　　　　(B) retorted

   (C) transformed　　　　(D) throbbed　　　　　（　）

6. Her mother told her to be _____ with her money.

   (A) tranquil　　　　　　(B) thrifty

   (C) urban　　　　　　　(D) mechanical　　　　（　）

7. Paul enjoys his job and it pays well, but he's not very fond of his
　　_____.

(A) stimulus　　　　　　(B) supervisor

(C) overpass　　　　　　(D) underpass　　　　　(　)

8. All types of pain are _____; some people feel pain more
　deeply than others.

(A) strategic　　　　　　(B) theatrical

(C) suburban　　　　　　(D) subjective　　　　　(　)

9. Sales of the new iPhone are expected to _____ 7 million
　units within a week of its release.

(A) stun　　　　　　　　(B) surpass

(C) substitute　　　　　　(D) distort　　　　　　(　)

10. People with this medical condition are advised to avoid food
　　with high amounts of _____, like bread and pasta.

(A) suspense　　　　　　(B) stunt

(C) starch　　　　　　　(D) status　　　　　　(　)

```
─┌ 【答案】 ┐────────────────────
  1. ( A )　　2. ( B )　　3. ( C )　　4. ( C )　　5. ( A )
  6. ( B )　　7. ( B )　　8. ( D )　　9. ( B )　　10. ( C )
 └──────────────────────────
```

Unit 10

1. **transmit**[6] 〔 træns'mɪt 〕 *v.* 傳送
   transmission[6] 〔 træns'mɪʃən 〕
   n. 傳送

2. **plant**[1] 〔 plænt 〕 *n.* 植物
   transplant[6] 〔 træns'plænt 〕 *v. n.*
   移植

3. **trespass**[6] 〔'trɛspəs 〕 *v.* 侵入
   compass[5] 〔'kʌmpəs 〕 *n.* 羅盤；
   指南針

   compass

4. **read**[1] 〔 rɛd 〕 *v.* 讀
   【read 的過去式、過去分詞】
   tread[6] 〔 trɛd 〕 *v.* 行走；踩

5. **reason**[1] 〔'rizn 〕 *n.* 理由
   treason[6] 〔'trizn 〕 *n.* 叛國罪

6. **trigger**[6] 〔'trɪgɚ 〕 *v.* 引發
   n. 板機

   stagger[5] 〔'stægɚ 〕 *v.* 蹣跚；
   搖晃地走

7. **triumph**[4] 〔'traɪəmf 〕 *n.* 勝利
   triumphant[6] 〔 traɪ'ʌmfənt 〕 *adj.*
   得意洋洋的
   triumphantly[6] 〔 traɪ'ʌmfəntlɪ 〕
   adv. 得意洋洋地

8. **tropic**[6] 〔'trɑpɪk 〕 *n.* 回歸線
   tropical[3] 〔'trɑpɪkl 〕 *adj.*
   熱帶的

9. **true**[1] 〔 tru 〕 *adj.* 真的
   truant[6] 〔'truənt 〕 *n.* 曠課者

10. **truth**[2] 〔 truθ 〕 *n.* 事實
    truthful[3] 〔'truθfəl 〕 *adj.* 真實的
    truce[6] 〔 trus 〕 *n.* 停戰

11. **insure**[5] 〔 ɪn'ʃur 〕 *v.* 為…投保
    brochure[6] 〔 bro'ʃur 〕 *n.*
    小册子

    brochure

12. **humor**[2] 〔'hjumɚ 〕 *n.* 幽默
<u>tumor</u>[6] 〔'tjumɚ 〕 *n.* 腫瘤
<u>rumor</u>[3] 〔'rumɚ 〕 *n.* 謠言

13. **oil**[1] 〔 ɔɪl 〕 *n.* 油
<u>turmoil</u>[6] 〔'tɜmɔɪl 〕 *n.* 混亂

14. **twice**[1] 〔 twaɪs 〕 *adv.* 兩次
<u>twilight</u>[6] 〔'twaɪ,laɪt 〕 *n.* 黃昏；
微光

Twilight

15. **tyrant**[5] 〔'taɪrənt 〕 *n.* 暴君
<u>tyranny</u>[6] 〔'tɪrənɪ 〕 *n.* 暴政
<u>nanny</u>[3] 〔'nænɪ 〕 *n.* 奶媽

16. **cancer**[2] 〔'kænsɚ 〕 *n.* 癌症
<u>ulcer</u>[6] 〔'ʌlsɚ 〕 *n.* 潰瘍
<u>ultimate</u>[6] 〔'ʌltəmɪt 〕 *adj.*
最終的；根本的；最大的

17. **famous**[2] 〔'feməs 〕 *adj.* 有名的
<u>unanimous</u>[6] 〔 jʊ'nænəməs 〕
adj. 全體一致的

18. **recover**[3] 〔 rɪ'kʌvɚ 〕 *v.* 恢復
<u>uncover</u>[6] 〔 ʌn'kʌvɚ 〕 *v.* 揭露
<u>discover</u>[1] 〔 dɪ'skʌvɚ 〕 *v.* 發現

19. **estimate**[4] 〔'ɛstə,met 〕 *v.* 估計
<u>underestimate</u>[6]
〔'ʌndɚ'ɛstə,met 〕 *v.* 低估

20. **undergo**[6] 〔,ʌndɚ'go 〕 *v.* 經歷
<u>undertake</u>[6] 〔,ʌndɚ'tek 〕 *v.*
承擔；從事
<u>undermine</u>[6] 〔,ʌndɚ'maɪn 〕 *v.*
損害

21. **undo**[6] 〔 ʌn'du 〕 *v.* 使恢復原狀
<u>unfold</u>[6] 〔 ʌn'fold 〕 *v.* 展開；
攤開

<u>unlock</u>[6] 〔 ʌn'lɑk 〕 *v.* 打開…
的鎖
<u>unpack</u>[6] 〔 ʌn'pæk 〕 *v.*
打開（包裹）

22. **employ**[3] 〔 ɪmˈplɔɪ 〕 v. 雇用
    <u>employment</u>[3] 〔 ɪmˈplɔɪmənt 〕
    n. 雇用；工作
    <u>unemployment</u>[6]
    〔ˌʌnɪmˈplɔɪmənt 〕 n. 失業

23. **fraction**[5] 〔ˈfrækʃən 〕 n. 小部
    分；分數
    <u>fracture</u>[6] 〔ˈfræktʃɚ 〕 n.
    骨折

24. **bring up** 養育
    <u>upbringing</u>[6] 〔ˈʌpˌbrɪŋɪŋ 〕 n.
    養育

25. **grade**[2] 〔 gred 〕 n. 成績
    <u>degrade</u>[6] 〔 dɪˈgred 〕 v. 降低
    （地位、人格）

    <u>upgrade</u>[6] 〔ˈʌpˈgred 〕 v.
    使升級
    <u>centigrade</u>[5]
    〔ˈsɛntəˌgred 〕 adj. 攝氏的

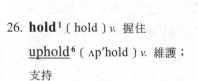

centigrade

26. **hold**[1] 〔 hold 〕 v. 握住
    <u>uphold</u>[6] 〔 ʌpˈhold 〕 v. 維護；
    支持

<u>household</u>[4] 〔ˈhaʊsˌhold 〕 adj.
家庭的
<u>threshold</u>[6] 〔ˈθrɛʃold 〕 n.
門檻；開端

27. **marine**[5] 〔 məˈrin 〕 adj. 海洋的
    <u>submarine</u>[3] 〔ˈsʌbməˌrin 〕 n.
    潛水艇
    <u>urine</u>[6] 〔ˈjʊrɪn 〕 n. 尿

submarine

28. **animal**[1] 〔ˈænəml̩ 〕 n. 動物
    <u>animate</u>[6] 〔ˈænəˌmet 〕 v.
    使有活力

29. **publisher**[4] 〔ˈpʌblɪʃɚ 〕 n.
    出版商
    <u>usher</u>[6] 〔ˈʌʃɚ 〕 n. 接待員
    <u>user</u>[2] 〔ˈjuzɚ 〕 n. 使用者

30. **most**[1] 〔 most 〕 adj. 最多的
    <u>almost</u>[1] 〔ˈɔlˌmost 〕 adv. 幾乎
    <u>utmost</u>[6] 〔ˈʌtˌmost 〕 adj.
    最大的

31. **wise**[2]〔waɪz〕*adj.* 聰明的
    <u>likewise</u>[6]〔'laɪk,waɪz〕*adv.*
    同樣地

32. **brilliant**[3]〔'brɪljənt〕*adj.* 燦爛的
    <u>valiant</u>[6]〔'væljənt〕*adj.* 英勇的

33. **liar**[3]〔'laɪɚ〕*n.* 說謊者
    <u>liable</u>[6]〔'laɪəbḷ〕*adj.* 有…傾向的；
    應負責的
    <u>reliable</u>[3]〔rɪ'laɪəbḷ〕*adj.* 可靠的

34. **vary**[3]〔'vɛrɪ〕*v.* 改變；不同
    <u>various</u>[3]〔'vɛrɪəs〕*adj.* 各式
    各樣的

    <u>variable</u>[6]〔'vɛrɪəbḷ〕*adj.* 多變的
    <u>variation</u>[6]〔,vɛrɪ'eʃən〕*n.* 變化

35. **cap**[1]〔kæp〕*n.*（無邊的）帽子
    <u>capsule</u>[6]〔'kæpsḷ〕*n.* 膠囊

cap

36. **medicine**[2]〔'mɛdəsn̩〕*n.* 藥
    <u>vaccine</u>[6]〔'væksin〕*n.* 疫苗

37. **vend**[6]〔vɛnd〕*v.* 販賣
    <u>vendor</u>[6]〔'vɛndɚ〕*n.* 小販
    street vendor 路邊攤

vending machine 自動販賣機

38. **tile**[5]〔taɪl〕*n.* 瓷磚
    <u>versatile</u>[6]〔'vɝsətḷ,-taɪl〕*adj.*
    多才多藝的

39. **verse**[3]〔vɝs〕*n.* 韻文；詩
    <u>version</u>[6]〔'vɝʒən〕*n.* 版本；
    說法

40. **boom**[5]〔bum〕*v.* 興隆
    <u>doom</u>[6]〔dum〕*v.* 註定
    <u>bloom</u>[4]〔blum〕*v.* 開花

反覆不斷地唸英文，加深單字記憶。

1. **transmit**[6]
   transmission[6]

2. **plant**[1]
   transplant[6]

3. **trespass**[6]
   compass[5]

4. **read**[1]
   tread[6]

5. **reason**[1]
   treason[6]

6. **trigger**[6]
   stagger[5]

7. **triumph**[4]
   triumphant[6]
   triumphantly[6]

8. **tropic**[6]
   tropical[3]

9. **true**[1]
   truant[6]

10. **truth**[2]
    truthful[3]
    truce[6]

11. **insure**[5]
    brochure[6]

12. **humor**[2]
    tumor[6]
    rumor[3]

13. **oil**[1]
    turmoil[6]

14. **twice**[1]
    twilight[6]

15. **tyrant**[5]
    tyranny[6]
    nanny[3]

16. **cancer**[2]
    ulcer[6]
    ultimate[6]

17. **famous**[2]
    unanimous[6]

18. **recover**[3]
    uncover[6]
    discover[1]

19. **estimate**[4]
    underestimate[6]

20. **undergo**[6]
    undertake[6]
    undermine[6]

21. **undo**[6]
    unfold[6]
    unlock[6]
    unpack[6]

22. **employ**[3]
    employment[3]
    unemployment[6]

23. **fraction**[5]
    fracture[6]

24. **bring up**
    upbringing[6]

25. **grade**[2]
    degrade[6]
    upgrade[6]
    centigrade[5]

26. **hold**[1]
    uphold[6]
    household[4]
    threshold[6]

27. **marine**[5]
    submarine[3]
    urine[6]

28. **animal**[1]
    animate[6]

29. **publisher**[4]
    usher[6]
    user[2]

30. **most**[1]
    almost[1]
    utmost[6]

31. **wise**[2]
    likewise[6]

32. **brilliant**[3]
    valiant[6]

33. **liar**[3]
    liable[6]
    reliable[3]

34. **vary**[3]
    various[3]
    variable[6]
    variation[6]

35. **cap**[1]
    capsule[6]

36. **medicine**[2]
    vaccine[6]

37. **vend**[6]
    vendor[6]

38. **tile**[5]
    versatile[6]

39. **verse**[3]
    version[6]

40. **boom**[5]
    doom[6]
    bloom[4]

不斷地看中文唸英文，能夠專心，有助於做翻譯題。

1. 傳送
   傳送

2. 植物
   移植

3. 侵入
   羅盤；指南針

4. 讀
   行走；踩

5. 理由
   叛國罪

6. 引發；板機
   蹣跚

7. 勝利
   得意洋洋的
   得意洋洋地

8. 回歸線
   熱帶的

9. 眞的
   曠課者

10. 事實
    眞實的
    停戰

11. 爲…投保
    小冊子

12. 幽默
    腫瘤
    謠言

13. 油
    混亂

14. 兩次
    黃昏；微光

15. 暴君
    暴政
    奶媽

16. 癌症
    潰瘍
    最終的

17. 有名的
    全體一致的

18. 恢復
    揭露
    發現

19. 估計
    低估

20. 經歷
    承擔；從事
    損害

21. 使恢復原狀
    展開；攤開
    打開…的鎖
    打開（包裹）

22. 雇用
    雇用；工作
    失業

23. 小部分
    骨折

24. 養育
    養育

25. 成績
    降低

    使升級
    攝氏的

26. 握住
    維護；支持

    家庭的
    門檻；開端

27. 海洋的
    潛水艇
    尿

28. 動物
    使有活力

29. 出版商
    接待員
    使用者

30. 最多的
    幾乎
    最大的

31. 聰明的
    同樣地

32. 燦爛的
    英勇的

33. 說謊者
    有…傾向的
    可靠的

34. 改變；不同
    各式各樣的

    多變的
    變化

35. （無邊的）帽子
    膠囊

36. 藥
    疫苗

37. 販賣
    小販

38. 瓷磚
    多才多藝的

39. 韻文；詩
    版本；說法

40. 興隆
    註定
    開花

Unit 10 Exercise

※ 請根據上下文意，選出一個最正確的答案。

1. They did not believe my _____ of the story.

   (A)　truce   (B)　threshold

   (C)　version   (D)　vaccine   （　）

2. The _____ cause of the fire is still unknown.

   (A)　household   (B)　tropical

   (C)　triumphant   (D)　ultimate   （　）

3. The boys were scolded for _____ on private property.

   (A)　animating   (B)　degrading

   (C)　trespassing   (D)　transmitting   （　）

4. The outcome of the situation will depend on how events _____.

   (A)　unfold   (B)　undo

   (C)　unlock   (D)　unpack   （　）

5. Students are expected to _____ certain standards of behavior.

   (A)　uncover   (B)　underestimate

   (C)　undermine   (D)　uphold   （　）

6. The committee was _____ in their vote to approve the plan.

   (A)　versatile   (B)　truthful

   (C)　unanimous   (D)　marine   （　）

7. We knew the team was _____ to lose the championship match.

    (A) doomed   (B) bloomed

    (C) various   (D) estimated   ( )

8. If your mind is in _____, try getting some exercise to clear your thoughts.

    (A) rumor   (B) turmoil

    (C) diagnosis   (D) ulcer   ( )

9. The old man deserves the _____ respect for serving his country during the war.

    (A) utmost   (B) variable

    (C) valiant   (D) wise   ( )

10. Scientists are worried that another major earthquake could _____ a deadly tsunami.

    (A) tread   (B) trigger

    (C) stagger   (D) transplant   ( )

【答案】

1. (C)   2. (D)   3. (C)   4. (A)   5. (D)

6. (C)   7. (A)   8. (B)   9. (A)   10. (B)

Unit 11

1. **yucky**[1] 〔'jʌkɪ〕 *adj.* 令人厭惡的
   <u>bulky</u>[6] 〔'bʌlkɪ〕 *adj.*
   龐大的
   <u>whisky</u>[5] 〔'hwɪskɪ〕
   n. 威士忌

   whisky

2. **democracy**[3] 〔də'makrəsɪ〕 *n.*
   民主政治
   <u>bureaucracy</u>[6] 〔bjʊ'rakrəsɪ〕
   n. 官僚作風

3. **accuracy**[4] 〔'ækjərəsɪ〕 *n.* 準確
   <u>conspiracy</u>[6] 〔kən'spɪrəsɪ〕 *n.*
   陰謀

4. **brew**[6] 〔bru〕 *v.* 釀造
   <u>crew</u>[3] 〔kru〕 *n.* (船、飛機的)
   全體工作人員
   <u>screw</u>[3] 〔skru〕 *n.* 螺絲

5. **rust**[3] 〔rʌst〕 *v.* 生銹
   <u>crust</u>[6] 〔krʌst〕 *n.* 地殼
   <u>thrust</u>[5] 〔θrʌst〕 *v.* 刺

6. **trust**[2] 〔trʌst〕 *v. n.* 信任
   <u>distrust</u>[6] 〔dɪs'trʌst〕 *v. n.*
   不信任

7. **boyhood**[5] 〔'bɔɪ,hʊd〕 *n.* 少年
   時代
   <u>boycott</u>[6] 〔'bɔɪ,kat〕 *v.* 抵制;
   杯葛
   <u>boy scout</u> 童子軍

   boy scout

8. **comfort**[3] 〔'kʌmfət〕 *n.* 舒適
   v. 安慰
   <u>discomfort</u>[6] 〔dɪs'kʌmfət〕 *n.*
   不舒服

9. **insert**[4] 〔ɪn'sɝt〕 *v.* 插入
   <u>assert</u>[6] 〔ə'sɝt〕 *v.* 主張;聲稱

10. **desert**[2] 〔dɪ'zɝt〕 *v.* 拋棄
    〔'dɛzət〕 *n.* 沙漠
    <u>exert</u>[6] 〔ɪg'zɝt〕 *v.* 運用

11. **divert**[6]〔daɪ'vɜt〕*v.* 轉移
    convert[5]〔kən'vɜt〕*v.* 使轉變；
    使改信（宗教）

12. **plot**[4]〔plat〕*n.* 情節
    blot[5]〔blat〕*n.* 污漬
    slot[6]〔slat〕*n.* 投幣孔

slot

13. **train**[1]〔tren〕*v.* 訓練　*n.* 火車
    restrain[5]〔rɪ'stren〕*v.* 克制
    restraint[6]〔rɪ'strent〕*n.* 抑制

14. **commit**[4]〔kə'mɪt〕*v.* 犯（罪）
    commitment[6]〔kə'mɪtmənt〕
    n. 承諾
    committee[3]〔kə'mɪtɪ〕*n.*
    委員會

15. **compose**[4]〔kəm'poz〕*v.* 組成；
    作（曲）
    component[6]〔kəm'ponənt〕*n.*
    成分

16. **home**[1]〔hom〕*n.* 家
    dome[6]〔dom〕*n.* 圓頂

dome

17. **correspond**[4]〔ˌkɔrə'spand〕*v.*
    通信；符合
    correspondent[6]〔ˌkɔrə'spandənt〕
    n. 通訊記者；特派員

18. **please**[1]〔pliz〕*v.* 取悅
    displease[6]〔dɪs'pliz〕*v.* 使不
    高興

19. **vague**[5]〔veg〕*adj.* 模糊的
    vogue[6]〔vog〕*n.* 流行

20. **vomit**[6]〔'vamɪt〕*v.* 嘔吐
    hermit[5]〔'hɜmɪt〕*n.* 隱士
    summit[3]〔'sʌmɪt〕*n.* 山頂；
    巔峰　*adj.* 高階層的

21. **deposit**[3] 〔 dɪˈpɑzɪt 〕 *n.* 存款
    <u>depict</u>[6] 〔 dɪˈpɪkt 〕 *v.* 描繪；
    描述

22. **pact**[6] 〔 pækt 〕 *n.* 協定
    <u>impact</u>[4] 〔ˈɪmpækt 〕 *n.* 衝擊；
    影響
    <u>compact</u>[5] 〔 kəmˈpækt 〕 *adj.*
    小型的

23. **fact**[1] 〔 fækt 〕 *n.* 事實
    <u>artifact</u>[6] 〔ˈɑrtɪˌfækt 〕 *n.* 文化
    遺物

24. **infect**[4] 〔 ɪnˈfɛkt 〕 *v.* 傳染；感染
    <u>infection</u>[4] 〔 ɪnˈfɛkʃən 〕 *n.*
    感染
    <u>infectious</u>[6] 〔 ɪnˈfɛkʃəs 〕 *adj.*
    傳染性的

25. **vine**[5] 〔 vaɪn 〕 *n.* 葡萄藤
    <u>vinegar</u>[3] 〔ˈvɪnɪgɚ 〕 *n.* 醋
    <u>vineyard</u>[6] 〔ˈvɪnjɚd 〕 *n.*
    葡萄園

vineyard

26. **glorious**[4] 〔ˈgloriəs 〕 *adj.* 光榮的
    <u>notorious</u>[6] 〔 noˈtoriəs 〕 *adj.*
    惡名昭彰的

27. **poster**[3] 〔ˈpostɚ 〕 *n.* 海報
    <u>foster</u>[6] 〔ˈfɔstɚ 〕
    adj. 收養的
    <u>oyster</u>[5] 〔ˈɔɪstɚ 〕
    n. 牡蠣
    poster

28. **tea**[1] 〔 ti 〕 *n.* 茶
    <u>tedious</u>[6] 〔ˈtidiəs 〕 *adj.* 乏味的

29. **regard**[2] 〔 rɪˈgɑrd 〕 *v.* 認為
    <u>regardless</u>[6] 〔 rɪˈgɑrdlɪs 〕 *adj.*
    不顧慮的
    <u>disregard</u>[6] 〔ˌdɪsrɪˈgɑrd 〕 *v.*
    忽視

30. **can**[1] 〔 kæn 〕 *n.* 罐頭   *aux.* 能夠
    <u>canvas</u>[6] 〔ˈkænvəs 〕 *n.* 帆布

31. **line**[1] 〔 laɪn 〕 *n.* 線；行
    <u>liner</u>[6] 〔ˈlaɪnɚ 〕 *n.* 客輪
    <u>airlines</u>[2] 〔ˈɛrˌlaɪnz 〕 *n.*
    航空公司

中華航空
CHINA AIRLINES

32. **cater**[6] 〔'ketɚ〕 *v.* 迎合
<u>crater</u>[5] 〔'kretɚ〕 *n.* 火山口

crater

33. **limo**[6] 〔'lɪmo〕 *n.* 大轎車
<u>limousine</u>[6] 〔'lɪmə,zin,
,lɪmə'zin〕 *n.* 大轎車；
小型巴士 ｝同義字

limousine

34. **murder**[3] 〔'mɝdɚ〕 *v. n.* 謀殺
<u>intruder</u>[6] 〔ɪn'trudɚ〕 *n.*
入侵者

35. **grocer**[6] 〔'grosɚ〕 *n.* 雜貨商
<u>grocery</u>[3] 〔'grosərɪ〕 *n.* 雜貨店
（ = *grocery store* ）；（ *pl.* ）食品
雜貨

36. **seminar**[6] 〔'sɛmə,nɑr〕 *n.*
研討會
<u>semiconductor</u>[4]
〔,sɛmɪkən'dʌktɚ〕 *n.* 半導體

37. **oar**[5] 〔 or 〕 *n.* 槳
<u>roar</u>[3] 〔 ror 〕 *v.* 吼叫
<u>soar</u>[6] 〔 sor 〕 *v.* 翱翔；（ 物價 ）
暴漲

38. **EQ**[6] *n.* 情緒商數
<u>IQ</u>[6] *n.* 智商

39. **swallow**[2] 〔'swalo〕 *v.* 吞
n. 燕子
<u>swap</u>[6] 〔 swap 〕 *v.* 交換

swallow

40. **kid**[1] 〔 kɪd 〕 *n.* 小孩
<u>kidnap</u>[6] 〔'kɪdnæp〕 *v.* 綁架

反覆不斷地唸英文，加深單字記憶。

1. **yucky**[1]
   bulky[6]
   whisky[5]

2. **democracy**[3]
   bureaucracy[6]

3. **accuracy**[4]
   conspiracy[6]

4. **brew**[6]
   crew[3]
   screw[3]

5. **rust**[3]
   crust[6]
   thrust[5]

6. **trust**[2]
   distrust[6]

7. **boyhood**[5]
   boycott[6]
   boy scout

8. **comfort**[3]
   discomfort[6]

9. **insert**[4]
   assert[6]

10. **desert**[2]
    exert[6]

11. **divert**[6]
    convert[5]

12. **plot**[4]
    blot[5]
    slot[6]

13. **train**[1]
    restrain[5]
    restraint[6]

14. **commit**[4]
    commitment[6]
    committee[3]

15. **compose**[4]
    component[6]

16. **home**[1]
    dome[6]

17. **correspond**[4]
    correspondent[6]

18. **please**[1]
    displease[6]

19. **vague**[5]
    vogue[6]

20. **vomit**[6]
    hermit[5]
    summit[3]

21. **deposit**[3]
    depict[6]

22. **pact**[6]
    impact[4]
    compact[5]

23. **fact**[1]
    artifact[6]

24. **infect**[4]
    infection[4]
    infectious[6]

25. **vine**[5]
    vinegar[3]
    vineyard[6]

26. **glorious**[4]
    notorious[6]

27. **poster**[3]
    foster[6]
    oyster[5]

28. **tea**[1]
    tedious[6]

29. **regard**[2]
    regardless[6]
    disregard[6]

30. **can**[1]
    canvas[6]

31. **line**[1]
    liner[6]
    airlines[2]

32. **cater**[6]
    crater[5]

33. **limo**[6]
    limousine[6]

34. **murder**[3]
    intruder[6]

35. **grocer**[6]
    grocery[3]

36. **seminar**[6]
    semiconductor[4]

37. **oar**[5]
    roar[3]
    soar[6]

38. **EQ**[6]
    IQ[6]

39. **swallow**[2]
    swap[6]

40. **kid**[1]
    kidnap[6]

不斷地看中文唸英文，能夠專心，有助於做翻譯題。

1. 令人厭惡的
   龐大的
   威士忌

2. 民主政治
   官僚作風

3. 準確
   陰謀

4. 釀造
   （船、飛機的）
   全體工作人員
   螺絲

5. 生銹
   地殼
   刺

6. 信任
   不信任

7. 少年時代
   抵制；杯葛
   童子軍

8. 舒適
   不舒服

9. 插入
   主張；聲稱

10. 拋棄；沙漠
    運用

11. 轉移
    使轉變

12. 情節
    污漬
    投幣孔

13. 訓練；火車
    克制
    抑制

14. 犯（罪）
    承諾
    委員會

15. 組成；作（曲）
    成分

16. 家
    圓頂

17. 通信；符合
    通訊記者

18. 取悅
    使不高興

19. 模糊的
    流行

20. 嘔吐
    隱士
    山頂；顛峰

21. 存款
    描繪；描述

22. 協定
    衝擊；影響
    小型的

23. 事實
    文化遺物

24. 傳染；感染
    感染
    傳染性的

25. 葡萄藤
    醋
    葡萄園

26. 光榮的
    惡名昭彰的

27. 海報
    收養的
    牡蠣

28. 茶
    乏味的

29. 認為
    不顧慮的
    忽視

30. 罐頭
    帆布

31. 線；行
    客輪
    航空公司

32. 迎合
    火山口

33. 大轎車
    大轎車

34. 謀殺
    入侵者

35. 雜貨商
    雜貨店

36. 研討會
    半導體

37. 翱
    吼叫
    翱翔

38. 情緒商數
    智商

39. 吞；燕子
    交換

40. 小孩
    綁架

Unit 11 Exercise

※ 請根據上下文意，選出一個最正確的答案。

1. This pizza has a nice, crispy _____.

   (A) whisky (B) crust

   (C) slot (D) screw ( )

2. The eagle _____ above the mountain.

   (A) catered (B) distrusted

   (C) depicted (D) soared ( )

3. This bicycle is too _____ to ship by regular mail.

   (A) yucky (B) bulky

   (C) infectious (D) vague ( )

4. Language is only one _____ of effective communication.

   (A) bureaucracy (B) desert

   (C) component (D) crew ( )

5. Mr. Potter is a _____ gambler who will bet on anything.

   (A) compact (B) glorious

   (C) notorious (D) foster ( )

6. Jason doesn't want anything to _____ his attention from his schoolwork.

   (A) divert (B) convert

   (C) assert (D) exert ( )

7. Many rich people are worried about being _____ and held for ransom.

    (A) vomited   (B) kidnapped

    (C) committed   (D) corresponded   (   )

8. He _____ the lifeguard's warning and swam toward the deep end of the pool.

    (A) thrust   (B) disregarded

    (C) rusted   (D) restrained   (   )

9. His grandfather owned a _____ and he spent many summers picking grapes.

    (A) correspondent   (B) restraint

    (C) vineyard   (D) summit   (   )

10. Until the labor dispute is resolved, union supporters will _____ the supermarket.

    (A) boycott   (B) brew

    (C) insert   (D) swallow   (   )

【答案】

1. (B)	2. (D)	3. (B)	4. (C)	5. (C)
6. (A)	7. (B)	8. (B)	9. (C)	10. (A)

Unit 12

1. **woo**[6] 〔 wu 〕 *v.* 追求
   <u>bamboo</u>[2] 〔 bæm'bu 〕 *n.* 竹子
   <u>shampoo</u>[3] 〔 ʃæm'pu 〕 *n.*
   洗髮精

bamboo

2. **auto**[3] 〔 'ɔto 〕 *n.* 汽車
   (= *automobile*[3])
   <u>photo</u>[2] 〔 'foto 〕 *n.* 照片
   <u>motto</u>[6] 〔 'mɑto 〕 *n.* 座右銘

3. **mantle** 〔 'mæntḷ 〕 *n.* 披風
   v. 覆蓋
   <u>dismantle</u>[6] 〔 dɪs'mæntḷ 〕 *v.*
   拆除

   The bridge was dismantled.
   那座橋被拆除了。

4. **lure**[6] 〔 lʊr 〕 *v.* 誘惑
   <u>allure</u> 〔 ə'lʊr 〕 *n.* 誘惑

5. **overturn**[6] 〔 ˌovɚ't3n 〕 *v.* 打翻；
   推翻
   <u>overhead</u>[6] 〔 'ovɚˌhɛd 〕 *adj.*
   頭上的
   <u>overlap</u>[6] 〔 ˌovɚ'læp 〕 *v.* 重疊

6. **constitute**[4] 〔 'kɑnstəˌtjut 〕 *v.*
   構成
   <u>constituent</u>[6] 〔 kən'stɪtʃʊənt 〕
   adj. 構成的
   <u>constitution</u>[4] 〔 ˌkɑnstə'tjuʃən 〕
   n. 憲法

7. **torrent**[5] 〔 'tɔrənt 〕 *n.* 急流
   <u>torment</u>[5] 〔 'tɔrmɛnt 〕 *n.* 折磨
   <u>tornado</u>[6] 〔 tɔr'nedo 〕 *n.*
   龍捲風

tornado

8. **local**[2] (ˈlokḷ) *adj.* 當地的
   vocal[6] (ˈvokḷ) *adj.* 聲音的

9. **execute**[5] (ˈɛksɪˌkjut) *v.* 執行；
   處死
   execution[6] (ˌɛksɪˈkjuʃən) *n.*
   執行；處死
   executive[5] (ɪgˈzɛkjʊtɪv) *n.*
   主管

10. **concept**[4] (ˈkɑnsɛpt) *n.*
    觀念 ⎤
    　　 ⎬ 同義字
    conception[6] (kənˈsɛpʃən) ⎦
    n. 觀念

11. **edition**[3] (ɪˈdɪʃən) *n.* (發行物
    的) 版
    expedition[6] (ˌɛkspɪˈdɪʃən) *n.*
    探險；探險隊

12. **sake**[3] (sek) *n.* 緣故
    forsake[6] (fəˈsek) *v.* 拋棄

13. **conserve**[5] (kənˈsɜv) *v.* 節省；
    保護
    conservation[6] (ˌkɑnsəˈveʃən)
    n. 節省；保護

14. **convict**[5] (kənˈvɪkt) *v.* 定罪
    conviction[6] (kənˈvɪkʃən) *n.*
    定罪

15. **modern**[2] (ˈmɑdən) *adj.* 現代的
    modernize[5] (ˈmɑdənˌaɪz) *v.*
    使現代化
    modernization[6]
    (ˌmɑdənəˈzeʃən) *n.* 現代化

16. **distraction**[6] (dɪˈstrækʃən) *n.*
    分心
    abstraction[6] (æbˈstrækʃən) *n.*
    抽象

17. **adapt**[4] (əˈdæpt) *v.* 適應；改編
    adaptation[6] (ˌædəpˈteʃən) *n.*
    適應

18. **faction**[6] (ˈfækʃən) *n.* 派系
    faculty[6] (ˈfækḷtɪ) *n.* 全體教
    職員；能力

19. **explore**[4] (ɪkˈsplor) *v.* 在⋯探
    險；探討
    exploration[6] (ˌɛkspləˈreʃən)
    n. 探險

20. **access**[4] 〔'æksɛs 〕 *n.* 接近或使
用權
accessible[6] 〔 æk'sɛsəbḷ 〕 *adj.*
容易接近的
accessory[6] 〔 æk'sɛsərı 〕 *n.*
配件

accessory

21. **migrate**[6] 〔'maɪgret 〕 *v.* 遷移
migration[6] 〔 maɪ'greʃən 〕 *n.*
遷移

22. **vibrate**[5] 〔'vaɪbret 〕 *v.* 震動
vibration[6] 〔 vaɪ'breʃən 〕 *n.*
震動

23. **integrate**[6] 〔'ɪntə,gret 〕 *v.*
整合
integration[6] 〔,ɪntə'greʃən 〕 *n.*
整合
integrity[6] 〔 ɪn'tɛgrətɪ 〕 *n.* 正直

24. **discriminate**[5] 〔 dɪ'skrɪmə,net 〕
v. 歧視
discrimination[6]
〔 dɪ,skrɪmə'neʃən 〕 *n.* 歧視

25. **fascinate**[5] 〔'fæsṇ,et 〕 *v.* 使著迷
fascination[6] 〔,fæsṇ'eʃən 〕 *n.*
魅力

26. **indignant**[5] 〔 ɪn'dɪgnənt 〕 *adj.*
憤怒的
indignation[6] 〔,ɪndɪg'neʃən 〕 *n.*
憤怒

27. **console**[5] 〔 kən'sol 〕 *v.* 安慰
consolation[6] 〔,kɑnsə'leʃən 〕 *n.*
安慰

28. **contemplate**[5] 〔'kɑntəm,plet 〕
v. 沉思；仔細考慮
contemplation[6]
〔,kɑntəm'pleʃən 〕 *n.* 沉思

29. **accuse**[4] 〔 ə'kjuz 〕 *v.* 控告
accusation[6] 〔,ækjə'zeʃən 〕 *n.*
控告

30. **victim**[3] (ˈvɪktɪm) *n.* 受害者
    <u>victimize</u>[6] (ˈvɪktɪmˌaɪz) *v.*
    使受害

31. **active**[2] (ˈæktɪv) *adj.* 活躍的；
    主動的
    <u>activity</u>[3] (ækˈtɪvətɪ) *n.* 活動
    <u>activist</u>[6] (ˈæktɪvɪst) *n.* 激進主
    義份子

32. **reveal**[3] (rɪˈvil) *v.* 顯示
    <u>revelation</u>[6] (ˌrɛvl̩ˈeʃən) *n.*
    透露；揭露

33. **mansion**[5] (ˈmænʃən)
    n. 豪宅
    <u>dimension</u>[6] (dəˈmɛnʃən)
    n. 尺寸；(…度) 空間 ⎫ 注意拼字

mansion

34. **application**[4] (ˌæpləˈkeʃən) *n.*
    申請

implication[6] (ˌɪmplɪˈkeʃən) *n.*
暗示

35. **recede** (rɪˈsid) *v.* 後退
    <u>recession</u>[6] (rɪˈsɛʃən) *n.*
    不景氣；後退

36. **aggressive**[4] (əˈgrɛsɪv) *adj.*
    有攻擊性的；積極進取的
    <u>aggression</u>[6] (əˈgrɛʃən) *n.*
    侵略

37. **addict**[5] (əˈdɪkt) *v.* 使上癮
    <u>addiction</u>[6] (əˈdɪkʃən) *n.*
    (毒) 癮

38. **cry**[1] (kraɪ) *v.* 哭
    <u>criterion</u>[6] (kraɪˈtɪrɪən) *n.* 標準

39. **administrative**[6]
    (ədˈmɪnəˌstretɪv) *adj.* 管理的
    <u>administrator</u>[6]
    (ədˈmɪnəˌstretə) *n.* 管理者

40. **replace**[3] (rɪˈples) *v.* 取代
    <u>displace</u>[6] (dɪsˈples) *v.*
    取代 ⎫ 同義字

反覆不斷地唸英文，加深單字記憶。

1. woo[6]
   bamboo[2]
   shampoo[3]

2. auto[3]
   photo[2]
   motto[6]

3. mantle
   dismantle[6]

4. lure[6]
   allure

5. overturn[6]
   overhead[6]
   overlap[6]

6. constitute[4]
   constituent[6]
   constitution[4]

7. torrent[5]
   torment[5]
   tornado[6]

8. local[2]
   vocal[6]

9. execute[5]
   execution[6]
   executive[5]

10. concept[4]
    conception[6]

11. edition[3]
    expedition[6]

12. sake[3]
    forsake[6]

13. conserve[5]
    conservation[6]

14. convict[5]
    conviction[6]

15. modern[2]
    modernize[5]
    modernization[6]

16. distraction[6]
    abstraction[6]

17. adapt[4]
    adaptation[6]

18. faction[6]
    faculty[6]

19. explore[4]
    exploration[6]

20. access[4]
    accessible[6]
    accessory[6]

21. migrate[6]
    migration[6]

22. vibrate[5]
    vibration[6]

23. integrate[6]
    integration[6]
    integrity[6]

24. discriminate[5]
    discrimination[6]

25. fascinate[5]
    fascination[6]

26. indignant[5]
    indignation[6]

27. console[5]
    consolation[6]

28. contemplate[5]
    contemplation[6]

29. accuse[4]
    accusation[6]

30. victim[3]
    victimize[6]

31. active[2]
    activity[3]
    activist[6]

32. reveal[3]
    revelation[6]

33. mansion[5]
    dimension[6]

34. application[4]
    implication[6]

35. recede
    recession[6]

36. aggressive[4]
    aggression[6]

37. addict[5]
    addiction[6]

38. cry[1]
    criterion[6]

39. administrative[6]
    administrator[6]

40. replace[3]
    displace[6]

不斷地看中文唸英文，能夠專心，有助於做翻譯題。

1. 追求
   竹子
   洗髮精

2. 汽車
   照片
   座右銘

3. 披風；覆蓋
   拆除

4. 誘惑
   誘惑

5. 打翻；推翻
   頭上的
   重疊

6. 構成
   構成的
   憲法

7. 急流
   折磨
   龍捲風

8. 當地的
   聲音的

9. 執行；處死
   執行；處死
   主管

10. 觀念
    觀念

11. （發行物的）版
    探險

12. 緣故
    拋棄

13. 節省；保護
    節省；保護

14. 定罪
    定罪

15. 現代的
    使現代化
    現代化

16. 分心
    抽象

17. 適應；改編
    適應

18. 派系
    全體教職員；
    能力

19. 在…探險
    探險

20. 接近或使用權
    容易接近的
    配件

21. 遷移
    遷移

22. 震動
    震動

23. 整合
    整合
    正直

24. 歧視
    歧視

25. 使著迷
    魅力

26. 憤怒的
    憤怒

27. 安慰
    安慰

28. 沉思
    沉思

29. 控告
    控告

30. 受害者
    使受害

31. 活躍的
    活動
    激進主義份子

32. 顯示
    透露；揭露

33. 豪宅
    尺寸；
    （…度）空間

34. 申請
    暗示

35. 後退
    不景氣

36. 有攻擊性的
    侵略

37. 使上癮
    （毒）癮

38. 哭
    標準

39. 管理的
    管理者

40. 取代
    取代

Unit 12 Exercise

※ 請根據上下文意，選出一個最正確的答案。

1. The singer's _____ range is very impressive.

   (A) indignant　　　　(B) overhead

   (C) active　　　　　(D) vocal　　　　　　　( )

2. The migrants were victims of racial _____.

   (A) discrimination　　(B) revelation

   (C) recession　　　　(D) execution　　　　( )

3. He has a wonderful _____ for storytelling.

   (A) integration　　　(B) indignation

   (C) activist　　　　(D) faculty　　　　　( )

4. The typhoon caused large waves that _____ the boat.

   (A) constituted　　　(B) lured

   (C) explored　　　　(D) overturned　　　( )

5. The supermarket is _____ to people in wheelchairs.

   (A) administrative　　(B) accessible

   (C) aggressive　　　(D) local　　　　　　( )

6. No matter what you do, you parents will never _____ you.

   (A) migrate　　　　(B) contemplate

   (C) forsake　　　　(D) recede　　　　　( )

7. The company's _____ is "Maximum results, minimum expense."

(A) bamboo
(B) shampoo
(C) photo
(D) motto
(　)

8. The National Weather Bureau has issued a _____ warning for the West Valley region.

(A) tornado
(B) abstraction
(C) mantle
(D) dimension
(　)

9. Seven men lost their lives during the first _____ to the South Pole.

(A) expedition
(B) accessory
(C) fascination
(D) accusation
(　)

10. The artist is very skilled at _____ a wide range of colors in his works.

(A) vibrating
(B) integrating
(C) consoling
(D) victimizing
(　)

【答案】

1.(D)	2.(A)	3.(D)	4.(D)	5.(B)
6.(C)	7.(D)	8.(A)	9.(A)	10.(B)

Unit 13

1. **bacon**³ 〔'bekən 〕 *n.* 培根
   <u>silicon</u>⁶ 〔'sɪlɪkən 〕 *n.* 矽
   Silicon Valley 矽谷

2. **neon**⁶ 〔'niɑn 〕 *n.* 氖
   <u>neon lights</u> 霓虹燈
   <u>neon signs</u> 霓虹招牌

   neon signs

3. **coffee**¹ 〔'kɔfɪ 〕 *n.* 咖啡
   <u>coffin</u>⁶ 〔'kɔfɪn 〕 *n.* 棺材

4. **sigh**³ 〔 saɪ 〕 *n. v.* 嘆息
   <u>siren</u>⁶ 〔'saɪrən 〕 *n.* 警報器

5. **heroin**⁶ 〔'hɛro·ɪn 〕 *n.*
   海洛英
   <u>heroine</u>² 〔'hɛro·ɪn 〕 *n.*
   女英雄
   〕同音字

6. **inform**³ 〔 ɪn'fɔrm 〕 *v.* 通知
   <u>reform</u>⁴ 〔 rɪ'fɔrm 〕 *v.* 改革
   <u>conform</u>⁶ 〔 kən'fɔrm 〕 *v.* 遵守；
   一致

7. **alcohol**⁴ 〔'ælkə,hɔl 〕 *n.* 酒；
   酒精
   <u>alcoholic</u>⁶ 〔,ælkə'hɔlɪk 〕
   adj. 含酒精的　*n.* 酒鬼

8. **carol**⁶ 〔'kærəl 〕 *n.* 耶誕頌歌
   <u>cholesterol</u>⁶ 〔 kə'lɛstə,rol 〕 *n.*
   膽固醇

9. **drill**⁴ 〔 drɪl 〕 *n.* 鑽孔機
   <u>grill</u>⁶ 〔 grɪl 〕 *n.* 烤架
   v. 用烤架烤
   <u>thrill</u>⁵ 〔 θrɪl 〕 *v.* 使興奮
   n. 興奮；刺激

   drill

10. **fail**[2] 〔 fel 〕 *v.* 失敗

<u>hail</u>[6,5] 〔 hel 〕 *v.* 向～歡呼

n. 冰雹

<u>jail</u>[3] 〔 dʒel 〕 *n.* 監獄

11. **incense**[5] 〔'ɪnsɛns 〕 *n.* (供神所焚燒的) 香

<u>incentive</u>[6] 〔 ɪn'sɛntɪv 〕 *n.* 動機

12. **interval**[6] 〔'ɪntəvḷ 〕 *n.* (時間的) 間隔

<u>carnival</u>[5] 〔'kɑrnəvḷ 〕 *n.* 嘉年華會

<u>medieval</u>[6] 〔ˌmidɪ'ivḷ 〕 *adj.* 中世紀的

13. **principle**[2] 〔'prɪnsəpḷ 〕 *n.* 原則

<u>principal</u>[2] 〔'prɪnsəpḷ 〕 *n.* 校長 *adj.* 主要的

} 同音字

<u>municipal</u>[6] 〔 mju'nɪsəpḷ 〕 *adj.* 市立的；市的；市政的

14. **central**[2] 〔'sɛntrəl 〕 *adj.* 中央的

<u>neutral</u>[6] 〔'njutrəl 〕 *adj.* 中立的

15. **operate**[2] 〔'ɑpəˌret 〕 *v.* 操作；動手術

<u>operation</u>[4] 〔ˌɑpə'reʃən 〕 *n.* 手術

<u>operational</u>[6] 〔ˌɑpə'reʃənḷ 〕 *adj.* 操作上的

16. **ration** 〔'ræʃən 〕 *n.* 理性

<u>rational</u>[6] 〔'ræʃənḷ 〕 *adj.* 理性的；合理的

17. **trifle**[5] 〔'traɪfḷ 〕 *n.* 瑣事

<u>trivial</u>[6] 〔'trɪvɪəl 〕 *adj.* 瑣碎的

18. **bury**[3] 〔'bɛrɪ 〕 *v.* 埋；埋藏

<u>burial</u>[6] 〔'bɛrɪəl 〕 *n.* 埋葬

19. **along**[1] 〔 ə'lɔŋ 〕 *prep.* 沿著

<u>alongside</u>[6] 〔 ə'lɔŋ'saɪd 〕 *prep.* 在…旁邊

20. **cord**[4] 〔 kɔrd 〕 *n.* 細繩

<u>cordial</u>[6] 〔'kɔrdʒəl 〕 *adj.* 熱誠的

cord

21. **clinic**[3] 〔'klınık 〕 *n.* 診所
    <u>clinical</u>[6] 〔'klınık!〕 *adj.* 臨床的
    <u>technical</u>[3] 〔'tɛknık!〕 *adj.*
    技術上的

22. **applicant**[4] 〔'æpləkənt 〕 *n.*
    申請人；應徵者
    <u>applicable</u>[6] 〔'æplıkəb!〕 *adj.*
    適用的

23. **pet**[1] 〔 pɛt 〕 *n.* 寵物
    <u>petty</u>[6] 〔'pɛtı 〕 *adj.* 小的；微不
    足道的

24. **rink** 〔 rıŋk 〕 *n.* 溜冰場
    <u>brink</u>[6] 〔 brıŋk 〕 *n.* 邊緣
    <u>shrink</u>[3] 〔 ʃrıŋk 〕 *v.* 縮水

rink

25. **apt**[5] 〔 æpt 〕 *adj.* 易於…的；
    傾向於…的
    <u>aptitude</u>[6] 〔'æptə,tjud 〕 *n.*
    性向；才能

26. **attic**[6] 〔'ætık 〕 *n.* 閣樓
    <u>attitude</u>[3] 〔'ætə,tjud 〕 *n.* 態度

attic

27. **vital**[4] 〔'vaıt!〕 *adj.* 非常重要的；
    維持生命所必需的
    <u>vitality</u>[6] 〔 vaı'tælətı 〕 *n.* 活力

28. **elegant**[4] 〔'ɛləgənt 〕 *adj.*
    優雅的
    <u>arrogant</u>[6] 〔'ærəgənt 〕 *adj.*
    自大的

29. **vulgar**[6] 〔'vʌlgɚ 〕 *adj.* 粗俗的
    <u>vulnerable</u>[6] 〔'vʌlnərəb!〕 *adj.*
    易受傷害的

30. **deem**[6] 〔 dim 〕 *v.* 認為
    <u>esteem</u>[5] 〔 ə'stim 〕 *n.* 尊敬

31. **forever**[3] 〔 fə'ɛvɚ 〕 *adv.* 永遠
    <u>whatsoever</u>[6] 〔,hwɑtso'ɛvɚ 〕 *pron.*
    任何…的事物 (= *whatever*[2])

32. **withdraw**[4] 〔 wɪð'drɔ 〕 *v.* 撤退；
    提（款）
    <u>withstand</u>[6] 〔 wɪθ'stænd 〕 *v.*
    抵抗；經得起

33. **wit**[4] 〔 wɪt 〕 *n.* 機智
    <u>witty</u>[6] 〔'wɪtɪ 〕 *adj.* 機智的

34. **earn**[2] 〔 ɜn 〕 *v.* 賺
    <u>yearn</u>[6] 〔 jɜn 〕 *v.* 渴望

35. **ward**[5] 〔 wɔrd 〕 *n.* 病房；囚房
    v. 躲避
    <u>robe</u>[3] 〔 rob 〕 *n.* 長袍
    <u>wardrobe</u>[6] 〔'wɔrd,rob 〕 *n.*
    衣櫥

robe

36. **junk**[3] 〔 dʒʌŋk 〕 *n.* 垃圾
    <u>chunk</u>[6] 〔 tʃʌŋk 〕 *n.* 厚塊

37. **shield**[5] 〔 ʃild 〕 *n.* 盾；保護物
    <u>windshield</u>[6] 〔'wɪnd,ʃild 〕 *n.*
    擋風玻璃

shield

38. **zeal**[6] 〔 zil 〕 *n.* 熱心；熱忱
    <u>zealous</u> 〔'zɛləs 〕 *adj.* 熱心的
    <u>jealous</u>[3] 〔'dʒɛləs 〕 *adj.*
    嫉妒的

39. **ability**[2] 〔 ə'bɪlətɪ 〕 *n.* 能力
    <u>stability</u>[6] 〔 stə'bɪlətɪ 〕 *n.*
    穩定

40. **ox**[2] 〔 ɑks 〕 *n.* 公牛
    <u>xerox</u>[6] 〔'zirɑks 〕 *v. n.* 影印

ox

反覆不斷地唸英文，加深單字記憶。

1. **bacon**[3]
silicon[6]

2. **neon**[6]
neon lights
neon signs

3. **coffee**[1]
coffin[6]

4. **sigh**[3]
siren[6]

5. **heroin**[6]
heroine[2]

6. **inform**[3]
reform[4]
conform[6]

7. **alcohol**[4]
alcoholic[6]

8. **carol**[6]
cholesterol[6]

9. **drill**[4]
grill[6]
thrill[5]

10. **fail**[2]
hail[6,5]
jail[3]

11. **incense**[5]
incentive[6]

12. **interval**[6]
carnival[5]
medieval[6]

13. **principle**[2]
principal[2]
municipal[6]

14. **central**[2]
neutral[6]

15. **operate**[2]
operation[4]
operational[6]

16. **ration**
rational[6]

17. **trifle**[5]
trivial[6]

18. **bury**[3]
burial[6]

19. **along**[1]
alongside[6]

20. **cord**[4]
cordial[6]

21. **clinic**[3]
clinical[6]
technical[3]

22. **applicant**[4]
applicable[6]

23. **pet**[1]
petty[6]

24. **rink**
brink[6]
shrink[3]

25. **apt**[5]
aptitude[6]

26. **attic**[6]
attitude[3]

27. **vital**[4]
vitality[6]

28. **elegant**[4]
arrogant[6]

29. **vulgar**[6]
vulnerable[6]

30. **deem**[6]
esteem[5]

31. **forever**[3]
whatsoever[6]

32. **withdraw**[4]
withstand[6]

33. **wit**[4]
witty[6]

34. **earn**[2]
yearn[6]

35. **ward**[5]
robe[3]
wardrobe[6]

36. **junk**[3]
chunk[6]

37. **shield**[5]
windshield[6]

38. **zeal**[6]
zealous
jealous[3]

39. **ability**[2]
stability[6]

40. **ox**[2]
xerox[6]

不斷地看中文唸英文，能夠專心，有助於做翻譯題。

1. 培根
   矽

2. 氖
   霓虹燈
   霓虹招牌

3. 咖啡
   棺材

4. 嘆息
   警報器

5. 海洛英
   女英雄

6. 通知
   改革
   遵守；一致

7. 酒；酒精
   含酒精的

8. 耶誕頌歌
   膽固醇

9. 鑽孔機
   烤架
   使興奮

10. 失敗
    向～歡呼
    監獄

11. （供神所焚燒
    的）香
    動機

12. （時間的）間隔
    嘉年華會
    中世紀的

13. 原則
    校長
    市立的

14. 中央的
    中立的

15. 操作；動手術
    手術
    操作上的

16. 理性
    理性的；合理的

17. 瑣事
    瑣碎的

18. 埋；埋藏
    埋葬

19. 沿著
    在…旁邊

20. 細繩
    熱誠的

21. 診所
    臨床的
    技術上的

22. 申請人
    適用的

23. 寵物
    小的

24. 溜冰場
    邊緣
    縮水

25. 易於…的
    性向；才能

26. 閣樓
    態度

27. 非常重要的
    活力

28. 優雅的
    自大的

29. 粗俗的
    易受傷害的

30. 認為
    尊敬

31. 永遠
    任何…的事物

32. 撤退
    抵抗；經得起

33. 機智
    機智的

34. 賺
    渴望

35. 病房；囚房
    長袍
    衣櫥

36. 垃圾
    厚塊

37. 盾；保護物
    擋風玻璃

38. 熱心；熱忱
    熱心的
    嫉妒的

39. 能力
    穩定

40. 公牛
    影印

Unit 13 Exercise

※ 請根據上下文意，選出一個最正確的答案。

1. All students must _____ to the school code.

   (A) conform   (B) inform

   (C) sigh   (D) thrill   ( )

2. He drinks a lot but he's probably not a(n) _____.

   (A) carol   (B) alcoholic

   (C) heroine   (D) burial   ( )

3. Many children in poor countries _____ for a better life.

   (A) shrink   (B) deem

   (C) reform   (D) yearn   ( )

4. My sister must have two dozen pairs of jeans in her _____.

   (A) grill   (B) silicon

   (C) alcohol   (D) wardrobe   ( )

5. When her two friends had a disagreement, Laura remained _____.

   (A) neutral   (B) medieval

   (C) municipal   (D) operational   ( )

6. The boy is old enough now to make _____ decisions on his own.

   (A) cordial   (B) vulgar

   (C) clinical   (D) rational   ( )

7. When they returned to their car, there was a note on the _____.

    (A) chunk   (B) carnival

    (C) windshield   (D) attic   ( )

8. Benjamin's former co-workers described him as _____ and difficult.

    (A) applicable   (B) central

    (C) technical   (D) arrogant   ( )

9. The suspect was caught trying to smuggle 2 kilograms of _____ through customs.

    (A) zeal   (B) cholesterol

    (C) heroin   (D) festival   ( )

10. The old building is already crumbling and may not _____ another major earthquake.

    (A) withdraw   (B) withstand

    (C) hail   (D) bury   ( )

【答案】

1. (A)	2. (B)	3. (D)	4. (D)	5. (A)
6. (D)	7. (C)	8. (D)	9. (C)	10. (B)

Unit 14

1. **hack**[6] 〔 hæk 〕 *v.* 猛砍
   <u>hacker</u>[6] 〔 'hækɚ 〕 *n.* 駭客

2. **trend**[3] 〔 trɛnd 〕 *n.* 趨勢
   <u>trek</u>[6] 〔 trɛk 〕 *v. n.* 艱苦跋涉
   They trekked to the supermarket.
   他們很辛苦才走到超市。
   The trek lasted two hours.
   這趟艱苦的旅程持續 2 個小時。

3. **decrease**[4] 〔 dɪ'kris 〕
   v. 減少　　　　　　　　⎫
   <u>diminish</u>[6] 〔 də'mɪnɪʃ 〕　⎬ 同義字
   v. 減少　　　　　　　　⎭

4. **ash**[3] 〔 æʃ 〕 *n.* 灰
   <u>rash</u>[6] 〔 ræʃ 〕 *adj.* 輕率的

5. **weigh**[1] 〔 we 〕 *v.* 重…
   <u>sleigh</u>[6] 〔 sle 〕 *n.* 雪車

6. **attach**[4] 〔 ə'tætʃ 〕　⎫
   v. 附上　　　　　　⎬ 反義字
   <u>detach</u>[6] 〔 dɪ'tætʃ 〕⎭
   v. 使分離

7. **willing**[2] 〔 'wɪlɪŋ 〕 *adj.* 願意的
   <u>shilling</u>[6] 〔 'ʃɪlɪŋ 〕 *n.* 先令（英國貨幣單位）
   <u>spelling</u>[2] 〔 'spɛlɪŋ 〕 *n.* 拼字

8. **shortcoming**[5] 〔 'ʃɔrt,kʌmɪŋ 〕
   n. 缺點
   <u>forthcoming</u>[6] 〔 'forθ'kʌmɪŋ 〕
   adj. 即將出現的

9. **cling**[5] 〔 klɪŋ 〕 *v.* 黏住；緊抓住
   <u>fling</u>[6] 〔 flɪŋ 〕 *v.* 扔；拋
   The magnet will cling to metal.
   磁鐵會黏住金屬。

10. **bang**[3] 〔 bæŋ 〕 *v.* 重擊
    <u>gang</u>[3] 〔 gæŋ 〕 *n.* 幫派
    <u>slang</u>[6] 〔 slæŋ 〕 *n.* 俚語

11. **puff**[5] 〔 pʌf 〕 *v.* 吐出；噴
    <u>stuff</u>[3] 〔 stʌf 〕 *n.* 東西
    <u>dandruff</u>[6] 〔 'dændrəf 〕
    n. 頭皮屑

puff

12. **analyze**[4] 〔 'ænḷ,aɪz 〕 *v.* 分析
    paralyze[6] 〔 'pærə,laɪz 〕 *v.* 使麻痺;
    使癱瘓

13. **prevent**[3] 〔 prɪ'vɛnt 〕 *v.* 預防
    preventive[6] 〔 prɪ'vɛntɪv 〕
    adj. 預防的

14. **innovation**[6] 〔 ,ɪnə'veʃən 〕
    n. 創新
    innovative[6] 〔 'ɪno,vetɪv 〕
    adj. 創新的

15. **initial**[4] 〔 ɪ'nɪʃəl 〕 *adj.* 最初的
    initiate[5] 〔 ɪ'nɪʃɪ,et 〕 *v.* 創始
    initiative[6] 〔 ɪ'nɪʃɪ,etɪv 〕
    n. 主動權

16. **offensive**[4] *adj.* 攻擊
    的;無禮的 ⎫
                   ⎬ 反義字
    defensive[4] *adj.* 防禦的 ⎭
    comprehensive[6] *adj.* 全面性的

17. **derive**[6] 〔 də'raɪv 〕 *v.* 源自
    thrive[6] 〔 θraɪv 〕 *v.* 繁榮;興盛

deprive[6] 〔 dɪ'praɪv 〕 *v.* 剝奪;
使喪失

18. **grieve**[4] 〔 griv 〕 *v.* 悲傷
    retrieve[6] 〔 rɪ'triv 〕 *v.* 尋回

grieve

19. **bite**[1] 〔 baɪt 〕 *v.* 咬 ⎫
    byte[6] 〔 baɪt 〕 *n.* ⎬ 同音字
    位元組 ⎭

20. **mute**[6] 〔 mjut 〕 *adj.* 啞的
    commute[5] 〔 kə'mjut 〕 *v.* 通勤

21. **brute**[6] 〔 brut 〕 *n.* 可惡的傢伙
    brutal[4] 〔 'brutḷ 〕 *adj.* 殘忍的

22. **absolute**[4] 〔 'æbsə,lut 〕
    adj. 絕對的;完全的
    resolute[6] 〔 'rɛzə,lut 〕
    adj. 堅決的

23. **cute**[1] 〔 kjut 〕*adj.* 可愛的

  <u>acute</u>[6] 〔 ə'kjut 〕*adj.* 急性的

24. **dote** 〔 dot 〕*v.* 衰老；溺愛

  <u>anecdote</u>[6] 〔'ænɪk,dot 〕*n.* 軼事

25. **different**[1] 〔'dɪfərənt 〕*adj.*
  不同的

  <u>differentiate</u>[6] 〔,dɪfə'rɛnʃɪ,et 〕
  v. 區別

26. **write**[1] 〔 raɪt 〕*v.* 寫
  <u>rite</u>[6] 〔 raɪt 〕*n.* 儀式 〕同音字

  * wr 中的 w 不發音。

27. **opposite**[3] 〔'ɑpəzɪt 〕*adj.* 相反的

  <u>exquisite</u>[6] 〔'ɛkskwɪzɪt 〕*adj.*
  精緻的；高雅的

exquisite

28. **fraud**[6] 〔 frɔd 〕*n.* 詐欺

  <u>applaud</u>[5] 〔 ə'plɔd 〕*v.* 鼓掌

29. **evaluate**[4] 〔 ɪ'vælju,et 〕*v.* 評估

  <u>evacuate</u>[6] 〔 ɪ'vækju,et 〕*v.* 疏散

30. **eliminate**[4] 〔 ɪ'lɪmə,net 〕
  v. 除去

  <u>elite</u>[6] 〔 ɪ'lit 〕*n.* 菁英分子
  【集合名詞】

31. **use**[1] 〔 juz 〕*v.* 使用

  <u>abuse</u>[6] 〔 ə'bjuz 〕*v.* 濫用；
  虐待

32. **irritate**[6] 〔'ɪrə,tet 〕*v.* 激怒

  <u>irritation</u>[6] 〔,ɪrə'teʃən 〕*n.* 激怒

33. **culture**[2] ('kʌltʃɚ) *n.* 文化

    <u>cultivate</u>[6] ('kʌltə,vet) *v.* 培養

34. **accelerate**[6] (æk'sɛlə,ret)

    v. 加速

    <u>acceleration</u>[6] (æk,sɛlə'reʃən)

    n. 加速

35. **corporate**[6] ('kɔrpərɪt)

    adj. 法人的；公司的

    <u>corporation</u>[5] (,kɔrpə'reʃən)

    n. 公司

36. **terminate**[6] ('tɜmə,net)

    v. 終結

    <u>assassinate</u>[6] (ə'sæsn̩,et)

    v. 暗殺

assassinate

37. **commence**[6] (kə'mɛns)

    v. 開始

    <u>commemorate</u>[6] (kə'mɛmə,ret)

    v. 紀念

38. **nurse**[1] (nɜs) *n.* 護士

    <u>nurture</u>[6] ('nɜtʃɚ) *v.* 養育

39. **alien**[5] ('elɪən ,'eljən) *n.* 外星人

    adj. 外國的

    <u>alienate</u>[6] ('eljən,et) *v.* 使疏遠

alien

40. **design**[2] (dɪ'zaɪn) *v. n.* 設計

    <u>designate</u>[6] ('dɛzɪg,net)

    v. 指定

反覆不斷地唸英文，加深單字記憶。

1. hack[6]
   hacker[6]

2. trend[3]
   trek[6]

3. decrease[4]
   diminish[6]

4. ash[3]
   rash[6]

5. weigh[1]
   sleigh[6]

6. attach[4]
   detach[6]

7. willing[2]
   shilling[6]
   spelling[2]

8. shortcoming[5]
   forthcoming[6]

9. cling[5]
   fling[6]

10. bang[3]
    gang[3]
    slang[6]

11. puff[5]
    stuff[3]
    dandruff[6]

12. analyze[4]
    paralyze[6]

13. prevent[3]
    preventive[6]

14. innovation[6]
    innovative[6]

15. initial[4]
    initiate[5]
    initiative[6]

16. offensive[4]
    defensive[4]
    comprehensive[6]

17. derive[6]
    thrive[6]
    deprive[6]

18. grieve[4]
    retrieve[6]

19. bite[1]
    byte[6]

20. mute[6]
    commute[5]

21. brute[6]
    brutal[4]

22. absolute[4]
    resolute[6]

23. cute[1]
    acute[6]

24. dote
    anecdote[6]

25. different[1]
    differentiate[6]

26. write[1]
    rite[6]

27. opposite[3]
    exquisite[6]

28. fraud[6]
    applaud[5]

29. evaluate[4]
    evacuate[6]

30. eliminate[4]
    elite[6]

31. use[1]
    abuse[6]

32. irritate[6]
    irritation[6]

33. culture[2]
    cultivate[6]

34. accelerate[6]
    acceleration[6]

35. corporate[6]
    corporation[5]

36. terminate[6]
    assassinate[6]

37. commence[6]
    commemorate[6]

38. nurse[1]
    nurture[6]

39. alien[5]
    alienate[6]

40. design[2]
    designate[6]

不斷地看中文唸英文，能夠專心，有助於做翻譯題。

1. 猛砍
   駭客

2. 趨勢
   艱苦跋涉

3. 減少
   減少

4. 灰
   輕率的

5. 重…
   雪車

6. 附上
   使分離

7. 願意的
   先令
   拼字

8. 缺點
   即將出現的

9. 黏住
   扔；拋

10. 重擊
    幫派
    俚語

11. 吐出；噴
    東西
    頭皮屑

12. 分析
    使麻痺；使癱瘓

13. 預防
    預防的

14. 創新
    創新的

15. 最初的
    創始
    主動權

16. 攻擊的；無禮的
    防禦的
    全面性的

17. 源自
    繁榮；興盛
    剝奪

18. 悲傷
    尋回

19. 咬
    位元組

20. 啞的
    通勤

21. 可惡的傢伙
    殘忍的

22. 絕對的；完全的
    堅決的

23. 可愛的
    急性的

24. 衰老；溺愛
    軼事

25. 不同的
    區別

26. 寫
    儀式

27. 相反的
    精緻的；高雅的

28. 詐欺
    鼓掌

29. 評估
    疏散

30. 除去
    菁英分子

31. 使用
    濫用；虐待

32. 激怒
    激怒

33. 文化
    培養

34. 加速
    加速

35. 法人的
    公司

36. 終結
    暗殺

37. 開始
    紀念

38. 護士
    養育

39. 外星人
    使疏遠

40. 設計
    指定

Unit 14 Exercise

※ 請根據上下文意，選出一個最正確的答案。

1. He was _____ in his opposition to the plan.

   (A) infinite　　　　　　(B) preventive

   (C) corporate　　　　　(D) resolute　　　　　　（　）

2. Vivian is wearing a(n) _____ velvet dress.

   (A) exquisite　　　　　(B) acute

   (C) willing　　　　　　(D) opposite　　　　　　（　）

3. The statue _____ the founding of our country.

   (A) accelerates　　　　(B) alienates

   (C) commemorates　　　(D) terminates　　　　　（　）

4. New students should take the _____ to make friends.

   (A) innovation　　　　(B) elite

   (C) shilling　　　　　　(D) initiative　　　　　（　）

5. The number of students attending this class has _____ since April.

   (A) trekked　　　　　　(B) weighed

   (C) diminished　　　　(D) banged　　　　　　（　）

6. Many _____ terms have become part of our everyday vocabulary.

   (A) hack　　　　　　　(B) slang

   (C) dandruff　　　　　(D) trend　　　　　　　（　）

7. We waited in the dark while Tom _____ a flashlight from the truck.

   (A) grieved   (B) prevented

   (C) retrieved   (D) commuted   (   )

8. Fewer people than usual are expected to vote in the _____ election.

   (A) offensive   (B) defensive

   (C) absolute   (D) forthcoming   (   )

9. During his book reading, the author stopped to share a(n) _____ from his childhood.

   (A) irritation   (B) anecdote

   (C) alien   (D) sleigh   (   )

10. Three hundred residents were _____ as the wildfire moved closer to the village.

   (A) cultivated   (B) designated

   (C) nurtured   (D) evacuated   (   )

【答案】

1. (D)	2. (A)	3. (C)	4. (D)	5. (C)
6. (B)	7. (C)	8. (D)	9. (B)	10. (D)

Unit 15

1. **disturb**[4] (dɪ'stɝb) *v.* 打擾
   <u>disturbance</u>[6] (dɪ'stɝbəns)
   n. 擾亂
   <u>turbulence</u> ('tɝbjələns)
   n. 亂流

2. **monotony**[6] (mə'natn̩ɪ)
   n. 單調
   <u>monotonous</u>[6] (mə'natn̩əs)
   adj. 單調的
   <u>monopoly</u>[6] (mə'nap!ɪ)
   n. 獨占；獨占事業

3. **melon**[2] ('mɛlən) *n.* 甜瓜
   <u>melancholy</u>[6] ('mɛlən,kalɪ)
   adj. 憂鬱的

4. **historical**[3] (hɪs'tɔrɪk!) *adj.*
   歷史的
   <u>hysterical</u>[6] (hɪs'tɛrɪk!) *adj.*
   歇斯底里的

5. **cover**[1] ('kʌvɚ) *v.* 覆蓋
   <u>covet</u>[6] ('kʌvɪt) *v.* 覬覦；垂涎

6. **popular**[2,3] ('papjələ) *adj.*
   受歡迎的；流行的
   <u>populate</u>[6] ('papjə,let) *v.*
   居住於
   <u>population</u>[2] (,papjə'leʃən) *n.*
   人口

7. **rotate**[6] ('rotet) *v.* 自轉；旋轉
   <u>rotation</u>[6] (ro'teʃən) *n.* 旋轉
   <u>rotary</u> ('rotərɪ) *adj.* 旋轉的

Rotary Club　扶輪社

8. **legend**[4] ('lɛdʒənd) *n.* 傳說
   <u>legendary</u>[6] ('lɛdʒənd,ɛrɪ) *adj.*
   傳說的；傳奇性的

9. **author**[3] ('ɔθɚ) *n.* 作者
   <u>authentic</u>[6] (ɔ'θɛntɪk) *adj.*
   真正的

10. **descend**⁶ 〔 dɪ'sɛnd 〕 v. 下降；
    下（山）
    descent⁶ 〔 dɪ'sɛnt 〕 n. 下降

11. **decision**² 〔 dɪ'sɪʒən 〕 n. 決定
    decisive⁶ 〔 dɪ'saɪsɪv 〕 adj.
    決定性的

12. **induce**⁵ 〔 ɪn'djus , ɪn'dus 〕 v.
    引起；導致
    seduce⁶ 〔 sɪ'djus 〕 v. 勾引
    reduce³ 〔 rɪ'djus 〕 v. 減少

13. **lunar**⁴ 〔'lunɚ 〕 adj. 月亮的
    lunatic⁶ 〔'lunə,tɪk 〕 n. 瘋子
    frantic⁵ 〔'fræntɪk 〕 adj. 發狂的

14. **rude**² 〔 rud 〕 adj. 無禮的
    crude⁶ 〔 krud 〕 adj. 未經加工的

15. **affect**³ 〔 ə'fɛkt 〕 v. 影響
    affection⁵ 〔 ə'fɛkʃən 〕 n. 感情；
    （對子女、妻子的）愛
    affectionate⁶ 〔 ə'fɛkʃənɪt 〕 adj.
    摯愛的

16. **conceal**⁵ 〔 kən'sil 〕 v. 隱藏
    conceit⁶ 〔 kən'sit 〕 n. 自負

17. **magnet**³ 〔'mægnɪt 〕 n. 磁鐵
    magnetic⁴ 〔 mæg'nɛtɪk 〕 adj.
    有磁性的
    magnitude⁶ 〔'mægnə,tjud 〕 n.
    規模；震度

18. **autograph**⁶ 〔'ɔtə,græf 〕 n.
    親筆簽名
    autonomy⁶ 〔 ɔ'tɑnəmɪ 〕 n.
    自治

autograph

19. **blunt**⁶ 〔 blʌnt 〕 adj. 鈍的
    blunder⁶ 〔'blʌndɚ 〕 n. 愚蠢的
    錯誤

20. **café**² 〔 kə'fe 〕 n. 咖啡店
    caffeine⁶ 〔'kæfiɪn 〕 n.
    咖啡因

21. **capable**³ 〔'kepəbḷ 〕 adj. 能夠的
    capability⁶ 〔,kepə'bɪlətɪ 〕 n.
    能力

22. **catalogue**[4] 〔ˈkætḷˌɔg 〕 *n.* 目錄
catastrophe[6] 〔 kəˈtæstrəfɪ 〕 *n.*
大災難

catalogue

23. **cave**[2] 〔 kev 〕 *n.* 洞穴
cavity[6] 〔ˈkævətɪ 〕 *n.* 蛀牙

24. **cement**[4] 〔 səˈmɛnt 〕 *n.* 水泥
cemetery[6] 〔ˈsɛməˌtɛrɪ 〕 *n.*
墓地

25. **certain**[1] 〔ˈsɝtṇ 〕 *adj.* 確定的
certainty[6] 〔ˈsɝtṇtɪ 〕 *n.* 確信；
把握

26. **character**[2] 〔ˈkærɪktɚ 〕 *n.* 性格
characterize[6] 〔ˈkærɪktəˌraɪz 〕
v. 以⋯為特色

27. **clarify**[4] 〔ˈklærəˌfaɪ 〕 *v.* 清楚地
說明
clarity[6] 〔ˈklærətɪ 〕 *n.* 清晰

28. **inherent**[6] 〔 ɪnˈhɪrənt 〕 *adj.*
與生俱來的
coherent[6] 〔 koˈhɪrənt 〕 *adj.*
有條理的；前後一致的

29. **communicate**[3]
〔 kəˈmjunəˌket 〕 *v.* 溝通；聯繫
communication[4]
〔 kəˌmjunəˈkeʃən 〕 *n.* 溝通；通訊
communicative[6]
〔 kəˈmjunəˌketɪv 〕 *adj.* 溝通的

30. **companion**[4] 〔 kəmˈpænjən 〕 *n.*
同伴；朋友
companionship[6]
〔 kəmˈpænjənˌʃɪp 〕 *n.* 友誼

31. **champion**[3] 〔ˈtʃæmpɪən 〕 *n.*
冠軍
champagne[6] 〔 ʃæmˈpen 〕 *n.*
香檳

champagne

32. **pile**² 〔 paɪl 〕 *n.* 堆
    compile⁶ 〔 kəmˈpaɪl 〕 *v.* 編輯

33. **consult**⁴ 〔 kənˈsʌlt 〕 *v.* 查閱；
    請敎
    consultation⁶ 〔ˌkɑnsḷˈteʃən 〕 *n.*
    諮詢

34. **consume**⁴ 〔 kənˈsum, -ˈsjum 〕
    v. 消耗；吃（喝）
    consumer⁴ 〔 kənˈsumɚ,
    -ˈsjumɚ 〕 *n.* 消費者
    consumption⁶ 〔 kənˈsʌmpʃən 〕
    n. 消耗；吃（喝）

35. **cooperative**⁴ 〔 koˈɑpəˌretɪv 〕
    adj. 合作的
    coordinate⁶ 〔 koˈɔrdṇˌet 〕 *v.*
    使協調

36. **cruel**² 〔ˈkruəl 〕 *adj.* 殘忍的
    crucial⁶ 〔ˈkruʃəl 〕 *adj.* 非常重
    要的

37. **corrupt**⁵ 〔 kəˈrʌpt 〕 *adj.* 貪污
    的；腐敗的
    corruption⁶ 〔 kəˈrʌpʃən 〕 *n.*
    貪污；腐敗

38. **custom**² 〔ˈkʌstəm 〕 *n.* 習俗
    customary⁶ 〔ˈkʌstəmˌɛrɪ 〕 *adj.*
    習慣的

39. **dad**¹ 〔 dæd 〕 *n.* 爸爸
    daffodil⁶ 〔ˈdæfəˌdɪl 〕 *n.*
    黃水仙

daffodil

40. **deadline**⁴ 〔ˈdɛdˌlaɪn 〕 *n.* 最後
    期限
    deadly⁶ 〔ˈdɛdlɪ 〕 *adj.*
    致命的

反覆不斷地唸英文，加深單字記憶。

1. **disturb**[4]
disturbance[6]
turbulence

2. **monotony**[6]
monotonous[6]
monopoly[6]

3. **melon**[2]
melancholy[6]

4. **historical**[3]
hysterical[6]

5. **cover**[1]
covet[6]

6. **popular**[2,3]
populate[6]
population[2]

7. **rotate**[6]
rotation[6]
rotary

8. **legend**[4]
legendary[6]

9. **author**[3]
authentic[6]

10. **descend**[6]
descent[6]

11. **decision**[2]
decisive[6]

12. **induce**[5]
seduce[6]
reduce[3]

13. **lunar**[4]
lunatic[6]
frantic[5]

14. **rude**[2]
crude[6]

15. **affect**[3]
affection[5]
affectionate[6]

16. **conceal**[5]
conceit[6]

17. **magnet**[3]
magnetic[4]
magnitude[6]

18. **autograph**[6]
autonomy[6]

19. **blunt**[6]
blunder[6]

20. **café**[2]
caffeine[6]

21. **capable**[3]
capability[6]

22. **catalogue**[4]
catastrophe[6]

23. **cave**[2]
cavity[6]

24. **cement**[4]
cemetery[6]

25. **certain**[1]
certainty[6]

26. **character**[2]
characterize[6]

27. **clarify**[4]
clarity[6]

28. **inherent**[6]
coherent[6]

29. **communicate**[3]
communication[4]
communicative[6]

30. **companion**[4]
companionship[6]

31. **champion**[3]
champagne[6]

32. **pile**[2]
compile[6]

33. **consult**[4]
consultation[6]

34. **consume**[4]
consumer[4]
consumption[6]

35. **cooperative**[4]
coordinate[6]

36. **cruel**[2]
crucial[6]

37. **corrupt**[5]
corruption[6]

38. **custom**[2]
customary[6]

39. **dad**[1]
daffodil[6]

40. **deadline**[4]
deadly[6]

不斷地看中文唸英文，能夠專心，有助於做翻譯題。

1. 打擾
   擾亂
   亂流

2. 單調
   單調的
   獨占

3. 甜瓜
   憂鬱的

4. 歷史的
   歇斯底里的

5. 覆蓋
   覬覦；垂涎

6. 受歡迎的
   居住於
   人口

7. 自轉；旋轉
   旋轉
   旋轉的

8. 傳說
   傳說的

9. 作者
   真正的

10. 下降
    下降

11. 決定
    決定性的

12. 引起；導致
    勾引
    減少

13. 月亮的
    瘋子
    發狂的

14. 無禮的
    未經加工的

15. 影響
    感情；愛
    摯愛的

16. 隱藏
    自負

17. 磁鐵
    有磁性的
    規模；震度

18. 親筆簽名
    自治

19. 鈍的
    愚蠢的錯誤

20. 咖啡店
    咖啡因

21. 能夠的
    能力

22. 目錄
    大災難

23. 洞穴
    蛀牙

24. 水泥
    墓地

25. 確定的
    確信；把握

26. 性格
    以…為特色

27. 清楚地說明
    清晰

28. 與生俱來的
    有條理的

29. 溝通；聯繫
    溝通；通訊
    溝通的

30. 同伴；朋友
    友誼

31. 冠軍
    香檳

32. 堆
    編輯

33. 查閱；請教
    諮詢

34. 消耗；吃（喝）
    消費者
    消耗；吃（喝）

35. 合作的
    使協調

36. 殘忍的
    非常重要的

37. 貪污的；腐敗的
    貪污；腐敗

38. 習俗
    習慣的

39. 爸爸
    黃水仙

40. 最後期限
    致命的

Unit 15 Exercise

※ 請根據上下文意，選出一個最正確的答案。

1. The moon _____ on its axis.

   (A) populates   (B) rotates

   (C) disturbs   (D) covers   (　)

2. The residents were evacuated in advance of the _____.

   (A) companionship   (B) cavity

   (C) clarity   (D) catastrophe   (　)

3. Planning ahead will be _____ to the project's success.

   (A) cruel   (B) corrupt

   (C) crucial   (D) popular   (　)

4. She tried to give a(n) _____ explanation of what happened.

   (A) inherent   (B) customary

   (C) coherent   (D) deadly   (　)

5. The area is _____ by lush mountain forests and serene valleys.

   (A) communicated   (B) clarified

   (C) compiled   (D) characterized   (　)

6. Taking a day off from studying might break up the _____ of your week.

   (A) population   (B) monotony

   (C) author   (D) legend   (　)

7. Born and raised in Manhattan, Joel speaks with a(n) _____ New York accent.

   (A) historical   (B) authentic

   (C) rotary   (D) lunar   (   )

8. The 6.4-_____ earthquake struck 15 km east of Hualien at 7:32 this morning.

   (A) autonomy   (B) capability

   (C) conceit   (D) magnitude   (   )

9. She forgot to sign the form and didn't notice her _____ until it was too late.

   (A) blunder   (B) autograph

   (C) lunatic   (D) cemetery   (   )

10. There will be several scenic views of the valley as we _____ the mountain.

   (A) descend   (B) affect

   (C) induce   (D) conceal   (   )

【答案】

1. (B)   2. (D)   3. (C)   4. (C)   5. (D)

6. (B)   7. (B)   8. (D)   9. (A)   10. (A)

Unit 16

1. **defeat**[4] 〔 dɪ'fit 〕 v. 打敗
   <u>defect</u>[6] 〔'difɛkt, dɪ'fɛkt 〕 n.
   瑕疵；缺點

2. **utter**[5] 〔'ʌtɚ 〕 v. 說出　adj. 完全的
   <u>flutter</u>[6] 〔'flʌtɚ 〕 v. 拍動（翅膀）；
   飄動

3. **destiny**[5] 〔'dɛstənɪ 〕 n. 命運
   <u>destined</u>[6] 〔'dɛstɪnd 〕 adj.
   注定的
   <u>destination</u>[5] 〔,dɛstə'neʃən 〕 n.
   目的地

4. **Emma** 〔'ɛmə 〕 n. 艾瑪（女子名）
   <u>dilemma</u>[6] 〔 də'lɛmə 〕 n. 困境

Emma

5. **disaster**[4] 〔 dɪz'æstɚ 〕 n. 災難
   <u>disastrous</u>[6] 〔 dɪz'æstrəs 〕 adj.
   悲慘的

6. **director**[2] 〔 də'rɛktɚ 〕 n. 導演
   <u>directory</u>[6] 〔 də'rɛktərɪ 〕 n.
   電話簿

directory

7. **approve**[3] 〔 ə'pruv 〕 v. 贊成；
   批准
   <u>disapprove</u>[6] 〔,dɪsə'pruv 〕 v.
   不贊成

8. **discipline**[4] 〔'dɪsəplɪn 〕
   n. 紀律；訓練
   <u>disciplinary</u>[6] 〔'dɪsəplɪn,ɛrɪ 〕
   adj. 紀律的

9. **dispense**[5] 〔 dɪ'spɛns 〕
   v. 分發；使免除
   <u>dispensable</u>[6] 〔 dɪ'spɛnsəbl̩ 〕
   adj. 可有可無的

10. **weary**[5] 〔'wɪrɪ 〕 adj. 疲倦的
    <u>dreary</u>[6] 〔'drɪrɪ 〕 adj. （天氣）陰
    沉的

11. **puzzle**[2]〔ˈpʌzḷ〕v. 使困惑
    <u>drizzle</u>[6]〔ˈdrɪzḷ〕v. 下毛毛雨

jigsaw puzzle 拼圖

12. **electron**[6]〔ɪˈlɛktrɑn〕n. 電子
    <u>electronic</u>[3]〔ɪ,lɛkˈtrɑnɪk〕
    adj. 電子的
    <u>electronics</u>[4]〔ɪ,lɛkˈtrɑnɪks〕
    n. 電子學

13. **lyric**[6]〔ˈlɪrɪk〕adj. 抒情的
    <u>electric</u>[3]〔ɪˈlɛktrɪk〕adj. 電的
    <u>eccentric</u>[6]〔ɪkˈsɛntrɪk〕adj.
    古怪的

14. **emphasize**[3]〔ˈɛmfə,saɪz〕v.
    強調
    <u>emphatic</u>[6]〔ɪmˈfætɪk〕adj.
    強調的

15. **cycle**[3]〔ˈsaɪkḷ〕n. 循環
    <u>encyclopedia</u>[6]
    〔ɪn,saɪkləˈpidɪə〕n. 百科全書

16. **essential**[4]〔əˈsɛnʃəl〕adj. 必要的
    <u>essence</u>[6]〔ˈɛsṇs〕n. 本質

17. **facility**[4]〔fəˈsɪlətɪ〕n. 設施
    <u>facilitate</u>[6]〔fəˈsɪlə,tet〕v.
    使便利

18. **family**[1]〔ˈfæməlɪ〕n. 家庭；家人
    <u>familiar</u>[3]〔fəˈmɪljə〕adj.
    熟悉的
    <u>familiarity</u>[6]〔fə,mɪlɪˈærətɪ〕n.
    熟悉

19. **federal**[5]〔ˈfɛdərəl〕adj. 聯邦的
    <u>federation</u>[6]〔,fɛdəˈreʃən〕n.
    聯邦政府

20. **enclose**[4]〔ɪnˈkloz〕v.（隨函）
    附寄
    <u>enclosure</u>[6]〔ɪnˈkloʒə〕n.
    附寄物

enclose

21. **fertile**⁴ 〔'fɝtḷ 〕 *adj.* 肥沃的
　　<u>fertility</u>⁶ 〔 fɝ'tɪlətɪ 〕 *n.* 肥沃
　　<u>fertilizer</u>⁵ 〔'fɝtḷ͵aɪzɚ 〕
　　n. 肥料

fertilizer

22. **flee**⁴ 〔 fli 〕 *v.* 逃走；逃離
　　<u>fleet</u>⁶ 〔 flit 〕 *n.* 艦隊；船隊

23. **flu**² 〔 flu 〕 *n.* 流行性感冒
　　<u>fluid</u>⁶ 〔'fluɪd 〕 *n.* 液體

24. **fiddle**⁵ 〔'fɪdḷ 〕 *n.* 小提琴
　　<u>fidelity</u>⁶ 〔 fə'dɛlətɪ,
　　faɪ'dɛlətɪ 〕 *n.* 忠實

fiddle

25. **formula**⁴ 〔'fɔrmjələ 〕 *n.*
　　公式；式
　　<u>formulate</u>⁶ 〔'fɔrmjə͵let 〕 *v.*
　　使公式化
　　<u>formidable</u>⁶ 〔'fɔrmɪdəbḷ 〕
　　adj. 可怕的；難對付的

26. **fragrant**⁴ 〔'fregrənt 〕 *adj.* 芳香的
　　<u>fragment</u>⁶ 〔'frægmənt 〕 *n.*
　　碎片

27. **flick**⁵ 〔 flɪk 〕 *n. v.* 輕彈
　　<u>flicker</u>⁶ 〔'flɪkɚ 〕 *v.* 閃爍不定

flick

28. **glass**¹ 〔 glæs 〕 *n.*
　　玻璃；玻璃杯
　　<u>glassware</u>⁶
　　〔'glæs͵wɛr 〕 *n.* 玻璃製品

glassware

29. **gloom**⁵ 〔 glum 〕 *n.* 陰暗
　　<u>gloomy</u>⁶ 〔'glumɪ 〕 *adj.* 昏暗的

30. **inherit**⁵ 〔 ɪn'hɛrɪt 〕 *v.* 繼承
　　<u>heritage</u>⁶ 〔'hɛrətɪdʒ 〕 *n.*
　　遺產

31. **intervene**⁶ 〔͵ɪntɚ'vin 〕 *v.* 介入；
　　調停
　　<u>intervention</u>⁶ 〔͵ɪntɚ'vɛnʃən 〕 *n.*
　　介入

32. **graph**[6] 〔 græf 〕 *n.* 圖表
    graphic [6] 〔'græfɪk 〕 *adj.* 圖解的

graphic

33. **hydrogen**[4] 〔'haɪdrədʒən 〕
    n. 氫
    hygiene [6] 〔'haɪdʒin 〕 *n.* 衛生

34. **genius**[4] 〔'dʒinjəs 〕 *n.* 天才
    ingenious [6] 〔 ɪn'dʒinjəs 〕 *adj.*
    有發明才能的；巧妙的
    ingenuity [6] 〔,ɪndʒə'nuətɪ 〕 *n.*
    聰明

35. **intellect**[6] 〔'ɪntḷ,ɛkt 〕 *n.* 智力；
    知識分子
    intellectual [4] 〔,ɪntḷ'ɛktʃuəl 〕
    adj. 智力的

36. **honor**[3] 〔'ɑnɚ 〕 *n.* 光榮
    honorable [4] 〔'ɑnərəbḷ 〕 *adj.*
    光榮的

honorary [6] 〔'ɑnə,rɛrɪ 〕 *adj.*
名譽的

37. **install**[4] 〔 ɪn'stɔl 〕 *v.* 安裝
    installment [6] 〔 ɪn'stɔlmənt 〕 *n.* 分期
    付款的一期；（連載小說的）一回
    installation [6] 〔,ɪnstə'leʃən 〕 *n.*
    安裝

38. **inject**[6] 〔 ɪn'dʒɛkt 〕 *v.* 注射
    injection [6] 〔 ɪn'dʒɛkʃən 〕 *n.* 注射
    injustice [6] 〔 ɪn'dʒʌstɪs 〕 *n.*
    不公平

injection

39. **valuable**[3] 〔'væljʊəbḷ 〕 *adj.*
    有價值的
    invaluable [6] 〔 ɪn'væljʊəbḷ 〕 *adj.*
    珍貴的；無價的

40. **forecast**[4] 〔 for'kæst 〕 *v.* 預測
    〔'for,kæst 〕 *n.*
    foresee [6] 〔 for'si 〕 *v.* 預料

反覆不斷地唸英文，加深單字記憶。

1. **defeat**[4]
   defect[6]

2. **utter**[5]
   flutter[6]

3. **destiny**[5]
   destined[6]
   destination[5]

4. **Emma**
   dilemma[6]

5. **disaster**[4]
   disastrous[6]

6. **director**[2]
   directory[6]

7. **approve**[3]
   disapprove[6]

8. **discipline**[4]
   disciplinary[6]

9. **dispense**[5]
   dispensable[6]

10. **weary**[5]
    dreary[6]

11. **puzzle**[2]
    drizzle[6]

12. **electron**[6]
    electronic[3]
    electronics[4]

13. **lyric**[6]
    electric[3]
    eccentric[6]

14. **emphasize**[3]
    emphatic[6]

15. **cycle**[3]
    encyclopedia[6]

16. **essential**[4]
    essence[6]

17. **facility**[4]
    facilitate[6]

18. **family**[1]
    familiar[3]
    familiarity[6]

19. **federal**[5]
    federation[6]

20. **enclose**[4]
    enclosure[6]

21. **fertile**[4]
    fertility[6]
    fertilizer[5]

22. **flee**[4]
    fleet[6]

23. **flu**[2]
    fluid[6]

24. **fiddle**[5]
    fidelity[6]

25. **formula**[4]
    formulate[6]
    formidable[6]

26. **fragrant**[4]
    fragment[6]

27. **flick**[5]
    flicker[6]

28. **glass**[1]
    glassware[6]

29. **gloom**[5]
    gloomy[6]

30. **inherit**[5]
    heritage[6]

31. **intervene**[6]
    intervention[6]

32. **graph**[6]
    graphic[6]

33. **hydrogen**[4]
    hygiene[6]

34. **genius**[4]
    ingenious[6]
    ingenuity[6]

35. **intellect**[6]
    intellectual[4]

36. **honor**[3]
    honorable[4]
    honorary[6]

37. **install**[4]
    installment[6]
    installation[6]

38. **inject**[6]
    injection[6]
    injustice[6]

39. **valuable**[3]
    invaluable[6]

40. **forecast**[4]
    foresee[6]

不斷地看中文唸英文，能夠專心，有助於做翻譯題。

1. 打敗
   瑕疵；缺點

2. 說出；完全的
   拍動（翅膀）

3. 命運
   注定的
   目的地

4. 艾瑪
   困境

5. 災難
   悲慘的

6. 導演
   電話簿

7. 贊成
   不贊成

8. 紀律；訓練
   紀律的

9. 分發；使免除
   可有可無的

10. 疲倦的
    （天氣）陰沉的

11. 使困惑
    下毛毛雨

12. 電子
    電子的
    電子學

13. 抒情的
    電的
    古怪的

14. 強調
    強調的

15. 循環
    百科全書

16. 必要的
    本質

17. 設施
    使便利

18. 家庭；家人
    熟悉的
    熟悉

19. 聯邦的
    聯邦政府

20. （隨函）附寄
    附寄物

21. 肥沃的
    肥沃
    肥料

22. 逃走；逃離
    艦隊；船隊

23. 流行性感冒
    液體

24. 小提琴
    忠實

25. 公式；式
    使公式化
    可怕的

26. 芳香的
    碎片

27. 輕彈
    閃爍不定

28. 玻璃
    玻璃製品

29. 陰暗
    昏暗的

30. 繼承
    遺產

31. 介入；調停
    介入

32. 圖表
    圖解的

33. 氫
    衛生

34. 天才
    有發明才能的
    聰明

35. 智力；知識分子
    智力的

36. 光榮
    光榮的
    名譽的

37. 安裝
    分期付款的一期
    安裝

38. 注射
    注射
    不公平

39. 有價值的
    珍貴的；無價的

40. 預測
    預料

Unit 16 Exercise

※ 請根據上下文意，選出一個最正確的答案。

1. The curtains ＿＿＿＿＿ in the breeze.

   (A) fluttered　　　　　(B) dispensed

   (C) approved　　　　　(D) drizzled　　　　　(　)

2. The lights ＿＿＿＿＿ during the storm.

   (A) intervened　　　　(B) injected

   (C) approved　　　　　(D) flickered　　　　　(　)

3. Winters in Northern Europe are cold and ＿＿＿＿＿.

   (A) gloomy　　　　　(B) invaluable

   (C) graphic　　　　　(D) honorable　　　　　(　)

4. The new airport will ＿＿＿＿＿ the development of tourism.

   (A) puzzle　　　　　(B) covet

   (C) facilitate　　　　(D) inherit　　　　　　(　)

5. The manager faced the ＿＿＿＿＿ of having to fire somebody.

   (A) dilemma　　　　　(B) defect

   (C) directory　　　　(D) disaster　　　　　(　)

6. The factory is overstaffed, making some of the workers ＿＿＿＿＿.

   (A) dispensable　　　(B) disciplinary

   (C) destined　　　　　(D) dreary　　　　　　(　)

7. If you don't know the capital of Vietnam, look it up in a(n)
_____.

(A) federation   (B) heritage

(C) encyclopedia   (D) fleet   ( )

8. Always an odd character, Frank is becoming more _____ in his old age.

(A) electronic   (B) eccentric

(C) essential   (D) federal   ( )

9. She overheard _____ of their conversation but not everything they said.

(A) fluids   (B) injections

(C) fragments   (D) formulas   ( )

10. Fans of the graphic novel series are anxiously awaiting the next
_____.

(A) essence   (B) installment

(C) electron   (D) enclosure   ( )

【答案】

1.(A)   2.(D)   3.(A)   4.(C)   5.(A)

6.(A)   7.(C)   8.(B)   9.(C)   10.(B)

Unit 17

1. **iron**¹〔ˋaɪən〕*n.* 鐵　*v.* 熨燙
   <u>ironic</u>⁶〔aɪˋrɑnɪk〕*adj.* 諷刺的
   <u>irony</u>⁶〔ˋaɪrənɪ〕*n.* 諷刺

2. **joy**¹〔dʒɔɪ〕*n.* 喜悅
   <u>joyful</u>³〔ˋdʒɔɪfəl〕*adj.* 愉快的　﹜同義字
   <u>joyous</u>⁶〔ˋdʒɔɪəs〕*adj.* 愉快的

3. **legislator**⁶〔ˋlɛdʒɪs‚letə〕*n.*
   立法委員
   <u>legislative</u>⁶〔ˋlɛdʒɪs‚letɪv〕*adj.*
   立法的
   <u>legislature</u>⁶〔ˋlɛdʒɪs‚letʃə〕*n.*
   立法機關

4. **liberal**³〔ˋlɪbərəl〕*adj.* 開明的
   <u>liberate</u>⁶〔ˋlɪbə‚ret〕*v.* 解放
   <u>liberation</u>⁶〔‚lɪbəˋreʃən〕*n.*
   解放運動

5. **linguist**⁶〔ˋlɪŋgwɪst〕*n.* 語言
   學家
   <u>linguistics</u>〔lɪŋˋgwɪstɪks〕*n.*
   語言學

6. **long**¹〔lɔŋ〕*adj.* 長的
   <u>longevity</u>⁶〔lɑnˋdʒɛvətɪ〕*n.*
   長壽；壽命

7. **large**¹〔lɑrdʒ〕*adj.* 大的
   <u>lounge</u>⁶〔laʊndʒ〕*n.* 交誼廳

lounge

8. **minimize**⁶〔ˋmɪnə‚maɪz〕*v.*
   使減到最小
   <u>miniature</u>⁶〔ˋmɪnɪətʃə〕*adj.*
   小型的

9. **lush**⁶〔lʌʃ〕*adj.* 綠油油的
   <u>flush</u>⁴〔flʌʃ〕*v.* 臉紅

flush

10. **master**¹ ('mæstɚ) *v.* 精通
    n. 主人；大師
    mastery⁶ ('mæstərɪ) *n.* 精通
    masterpiece⁵ ('mæstɚ‚pis) *n.*
    傑作

11. **metal**² ('mɛtḷ) *n.* 金屬
    metaphor⁶ ('mɛtəfɚ) *n.* 隱喻

12. **gorilla**⁵ (gə'rɪlə) *n.*
    大猩猩   } 同音字
    guerrilla⁶ (gə'rɪlə) *n.*
    游擊隊隊員

13. **old**¹ (old) *adj.* 老的；舊的
    mold⁶‚⁵ (mold) *n.* 模子；沃土

mold

14. **mouth**¹ (maʊθ) *n.* 嘴巴
    mouthpiece⁶ ('maʊθ‚pis) *n.*
    （電話的）送話口

15. **navigate**⁵ ('nævə‚get) *v.* 航行
    navigation⁶ (‚nævə'geʃən) *n.*
    航行

16. **high**¹ (haɪ) *adj.* 高的
    highlight⁶ ('haɪ‚laɪt) *v.* 強調

17. **norm**⁶ (nɔrm) *n.* 標準；規範
    normal³ ('nɔrmḷ) *adj.* 正常的
    abnormal⁶ (æb'nɔrmḷ) *adj.*
    不正常的

18. **nourish**⁶ ('nɝɪʃ) *v.* 滋養
    nourishment⁶ ('nɝɪʃmənt) *n.*
    滋養品

19. **news**¹ (njuz) *n.* 新聞；消息
    nuisance⁶ ('njusn̩s) *n.* 討厭的
    人或物

20. **cure**² (kjʊr) *v.* 治療
    obscure⁶ (əb'skjʊr) *adj.*
    模糊的

21. **offer**[2] 〔'ɔfɚ〕 *v. n.* 提供
    offering[6] 〔'ɔfərɪŋ〕 *n.* 提供

22. **impose**[5] 〔ɪm'poz〕 *v.* 強加
    imposing[6] 〔ɪm'pozɪŋ〕 *adj.*
    雄偉的

23. **parliament**[6] 〔'pɑrləmənt〕 *n.*
    國會【注意發音】
    lament[6] 〔lə'mɛnt〕 *v.* 哀悼

24. **control**[2] 〔kən'trol〕 *v. n.* 控制
    petrol 〔'pɛtrəl〕 *n.* 【英】汽油
    （ = 【美】 *gasoline*[3]）
    petroleum[6] 〔pə'trolɪəm〕 *n.*
    石油

25. **realize**[2] 〔'riə,laɪz〕 *v.* 了解；實現
    realization[6] 〔,riələ'zeʃən〕 *n.*
    了解；實現

26. **radish**[5] 〔'rædɪʃ〕 *n.* 小蘿蔔
    radical[6] 〔'rædɪkḷ〕
    adj. 根本的

radish

27. **rent**[3] 〔rɛnt〕 *v.* 租 *n.* 租金
    rental[6] 〔'rɛntḷ〕 *adj.* 出租的

28. **receipt**[3] 〔rɪ'sit〕 *n.* 收據
    【注意發音】
    recipient[6] 〔rɪ'sipɪənt〕 *n.*
    接受者

receipt

29. **limit**[2] 〔'lɪmɪt〕 *v. n.* 限制
    preliminary[6] 〔prɪ'lɪmə,nɛrɪ〕
    adj. 初步的

30. **provide**[2] 〔prə'vaɪd〕 *v.* 提供
    provoke[6] 〔prə'vok〕 *v.*
    激怒

31. **remove**[3] 〔rɪ'muv〕 *v.* 除去
    removal[6] 〔rɪ'muvḷ〕 *n.*
    除去

32. **resemble**[4] 〔rɪ'zɛmbḷ〕 v. 像
resemblance[6] 〔rɪ'zɛmbləns〕
n. 相似之處

33. **restore**[4] 〔rɪ'stor〕 v. 恢復
restoration[6] 〔ˌrɛstə'reʃən〕 n.
恢復

34. **revenge**[4] 〔rɪ'vɛndʒ〕 n. v.
報復
retaliate[6] 〔rɪ'tælɪˌet〕 v.
報復
｝同義字

35. **revive**[5] 〔rɪ'vaɪv〕 v. 使甦醒；
復活
revival[6] 〔rɪ'vaɪvḷ〕 n. 復活；
復甦

36. **sanction**[6] 〔'sæŋkʃən〕 n. 批准；
制裁
sanctuary[6] 〔'sæŋktʃuˌɛrɪ〕 n.
避難所；聖殿

37. **simple**[1] 〔'sɪmpḷ〕 adj. 簡單的
simplicity[6] 〔sɪm'plɪsətɪ〕 n.
簡單；簡樸

38. **sophomore**[4] 〔'sɑfmˌor〕 n.
大二學生
sophisticated[6] 〔sə'fɪstɪˌketɪd〕
adj. 複雜的

39. **spin**[3] 〔spɪn〕 v. 紡織；旋轉
span[6] 〔spæn〕 n. 持續的時間；
期間；兩橋墩間的距離

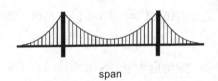

span

40. **special**[1] 〔'spɛʃəl〕 adj. 特別的
specialty[6] 〔'spɛʃəltɪ〕 n. 專長

反覆不斷地唸英文，加深單字記憶。

1. iron[1]
   ironic[6]
   irony[6]

2. joy[1]
   joyful[3]
   joyous[6]

3. legislator[6]
   legislative[6]
   legislature[6]

4. liberal[3]
   liberate[6]
   liberation[6]

5. linguist[6]
   linguistics

6. long[1]
   longevity[6]

7. large[1]
   lounge[6]

8. minimize[6]
   miniature[6]

9. lush[6]
   flush[4]

10. master[1]
    mastery[6]
    masterpiece[5]

11. metal[2]
    metaphor[6]

12. gorilla[5]
    guerrilla[6]

13. old[1]
    mold[6,5]

14. mouth[1]
    mouthpiece[6]

15. navigate[5]
    navigation[6]

16. high[1]
    highlight[6]

17. norm[6]
    normal[3]
    abnormal[6]

18. nourish[6]
    nourishment[6]

19. news[1]
    nuisance[6]

20. cure[2]
    obscure[6]

21. offer[2]
    offering[6]

22. impose[5]
    imposing[6]

23. parliament[6]
    lament[6]

24. control[2]
    petrol
    petroleum[6]

25. realize[2]
    realization[6]

26. radish[5]
    radical[6]

27. rent[3]
    rental[6]

28. receipt[3]
    recipient[6]

29. limit[2]
    preliminary[6]

30. provide[2]
    provoke[6]

31. remove[3]
    removal[6]

32. resemble[4]
    resemblance[6]

33. restore[4]
    restoration[6]

34. revenge[4]
    retaliate[6]

35. revive[5]
    revival[6]

36. sanction[6]
    sanctuary[6]

37. simple[1]
    simplicity[6]

38. sophomore[4]
    sophisticated[6]

39. spin[3]
    span[6]

40. special[1]
    specialty[6]

不斷地看中文唸英文，能夠專心，有助於做翻譯題。

1. 鐵；熨燙
   諷刺的
   諷刺

2. 喜悅
   愉快的
   愉快的

3. 立法委員
   立法的
   立法機關

4. 開明的
   解放
   解放運動

5. 語言學家
   語言學

6. 長的
   長壽；壽命

7. 大的
   交誼廳

8. 使減到最小
   小型的

9. 綠油油的
   臉紅

10. 精通
    精通
    傑作

11. 金屬
    隱喻

12. 大猩猩
    游擊隊隊員

13. 老的；舊的
    模子；沃土

14. 嘴巴
    （電話的）送話口

15. 航行
    航行

16. 高的
    強調

17. 標準；規範
    正常的
    不正常的

18. 滋養
    滋養品

19. 新聞；消息
    討厭的人或物

20. 治療
    模糊的

21. 提供
    提供

22. 強加
    雄偉的

23. 國會
    哀悼

24. 控制
    汽油
    石油

25. 了解；實現
    了解；實現

26. 小蘿蔔
    根本的

27. 租
    出租的

28. 收據
    接受者

29. 限制
    初步的

30. 提供
    激怒

31. 除去
    除去

32. 像
    相似之處

33. 恢復
    恢復

34. 報復
    報復

35. 使甦醒；復活
    復活；復甦

36. 批准；制裁
    避難所；聖殿

37. 簡單的
    簡單；簡樸

38. 大二學生
    複雜的

39. 紡織；旋轉
    持續的時間

40. 特別的
    專長

Unit 17 Exercise

※ 請根據上下文意，選出一個最正確的答案。

1. He has a(n) _____ sense of humor.
   (A) legislative   (B) ironic
   (C) lush   (D) miniature   (   )

2. Second-hand smoke _____ my eyes, nose, and throat.
   (A) flushes   (B) removes
   (C) limits   (D) irritates   (   )

3. "Don't worry. I'll take care of it, " Olivia said with a(n) _____ smile.
   (A) mischievous   (B) lush
   (C) rental   (D) radical   (   )

4. The boy practicing his drums next door is starting to become a _____.
   (A) lounge   (B) nuisance
   (C) linguist   (D) metaphor   (   )

5. When the brown bear entered our campsite, we were _____ with fear.
   (A) nourished   (B) cured
   (C) paralyzed   (D) navigated   (   )

6. George is studying the _____ between the Spanish and Italian languages.
   (A) mouthpiece   (B) radish
   (C) restoration   (D) resemblance   (   )

7. GPS (Global Positioning System) is the most _____ global tracking system ever created.

(A) abnormal   (B) liberal

(C) joyous   (D) sophisticated   (   )

8. If you want to increase your _____, you should maintain a healthy diet and get lots of exercise.

(A) longevity   (B) masterpiece

(C) negotiation   (D) mischief   (   )

9. The film portrays the heroic story of seven soldiers who attempt to _____ Taiwan from the Dutch invaders.

(A) lament   (B) nourish

(C) liberate   (D) navigate   (   )

10. After passing a(n) _____ physical exam, candidates will proceed to the next stage of training and evaluation.

(A) obscure   (B) preliminary

(C) normal   (D) imposing   (   )

【答案】

1. (B)	2. (D)	3. (A)	4. (B)	5. (C)
6. (D)	7. (D)	8. (A)	9. (C)	10. (B)

Unit 18

1. **steam**[2] 〔 stim 〕 *n.* 蒸氣
   <u>steamer</u>[5,6] 〔'stimɚ 〕 *n.* 汽船；
   蒸籠

2. **stock**[5,6] 〔 stɑk 〕 *n.* 股票；存貨
   <u>stocking</u>[3] 〔'stɑkɪŋ 〕
   n. 長襪

   stockings

3. **success**[2] 〔 sək'sɛs 〕 *n.* 成功
   <u>successor</u>[6] 〔 sək'sɛsɚ 〕 *n.*
   繼承者

4. **symptom**[6] 〔'sɪmptəm 〕 *n.* 症狀
   <u>symmetry</u>[6] 〔'sɪmɪtrɪ 〕 *n.* 對稱

5. **tact**[6] 〔 tækt 〕 *n.* 機智
   <u>tactics</u>[6] 〔'tæktɪks 〕 *n. pl.* 策略；
   戰術

6. **trait**[6] 〔 tret 〕 *n.* 特點
   <u>traitor</u>[5] 〔'tretɚ 〕 *n.* 叛徒

7. **urgent**[4] 〔'ɝdʒənt 〕 *adj.* 迫切的；
   緊急的
   <u>urgency</u>[6] 〔'ɝdʒənsɪ 〕 *n.* 迫切

8. **valid**[6] 〔'vælɪd 〕 *adj.* 有效的
   <u>validity</u>[6] 〔 və'lɪdətɪ 〕 *n.* 效力

9. **Amy** 〔'æmɪ 〕 *n.* 艾咪【女子名】
   <u>amiable</u>[6] 〔'emɪəbl̩ 〕 *adj.*
   友善的

10. **analects**[6] 〔'ænə,lɛkts 〕 *n. pl.*
    文選
    <u>analogy</u>[6] 〔 ə'nælədʒɪ 〕 *n.* 相似；
    類推

    analects

11. **average**[3] 〔'ævərɪdʒ 〕 *n.*
    平均（數） *adj.* 一般的
    <u>beverage</u>[6] 〔'bɛvərɪdʒ 〕 *n.* 飲料

12. **mischief**[4] ('mɪstʃɪf) *n.* 惡作劇
    <u>mischievous</u>[6] ('mɪstʃɪvəs) *adj.*
    愛惡作劇的；頑皮的

13. **aboriginal**[6] (,æbə'rɪdʒənḷ)
    adj. 原始的　*n.* 原住民
    <u>aborigine</u>[6] (,æbə'rɪdʒəni) *n.*
    原住民

aborigine

14. **confront**[5] (kən'frʌnt) *v.*
    面對；使面對
    <u>confrontation</u>[6]
    (,kɑnfrən'teʃən) *n.* 對立；衝突

15. **negotiate**[4] (nɪ'goʃɪ,et) *v.*
    談判；協商
    <u>negotiation</u>[6] (nɪ,goʃɪ'eʃən) *n.*
    談判

16. **dense**[4] (dɛns) *adj.* 濃密的
    <u>density</u>[6] ('dɛnsətɪ) *n.* 密度

17. **purse**[2] (pɝs) *n.* 錢包
    <u>disperse</u>[6] (dɪ'spɝs) *v.* 驅散

18. **fine**[1] (faɪn) *adj.* 好的　*n.* 罰款
    <u>finite</u>[6] ('faɪnaɪt) *adj.* 有限的

19. **weak**[1] (wik) *adj.* 虛弱的
    <u>freak</u>[6] (frik) *n.* 怪人

20. **unavoidable** (,ʌnə'vɔɪdəbḷ)
    adj. 難以避免的
    <u>inevitable</u>[6] (ɪn'ɛvətəbḷ)
    adj. 不可避免的　}同義字

21. **cosmetic**[6] (kɑz'mɛtɪk) *adj.*
    化妝用的；美容用的
    <u>cosmetics</u>[6] (kɑz'mɛtɪks) *n. pl.*
    化妝品

cosmetics

22. **invent**[2] 〔 ɪnˈvɛnt 〕 v. 發明
    <u>inventory</u>[6] 〔ˈɪnvənˌtorɪ 〕 n.
    存貨清單

inventory

23. **invest**[4] 〔 ɪnˈvɛst 〕 v. 投資
    <u>investigate</u>[3] 〔 ɪnˈvɛstəˌget 〕 v.
    調查
    <u>investigator</u>[6] 〔 ɪnˈvɛstəˌgetɚ 〕
    n. 調查員

24. **colonel**[5] 〔ˈkɝnḷ 〕 n. 上校　⎤ 同
    <u>kernel</u>[6] 〔ˈkɝnḷ 〕 n. 核心　⎦ 音 字

25. **length**[2] 〔 lɛŋθ 〕 n. 長度
    <u>lengthen</u>[3] 〔ˈlɛŋθən 〕 v. 加長
    <u>lengthy</u>[6] 〔ˈlɛŋθɪ 〕 adj. 冗長的

26. **precise**[4] 〔 prɪˈsaɪs 〕 adj. 精確的
    <u>precision</u>[6] 〔 prɪˈsɪʒən 〕 n.
    精確

27. **savage**[5] 〔ˈsævɪdʒ 〕 adj. 野蠻的；
    兇暴的
    <u>ravage</u>[6] 〔ˈrævɪdʒ 〕 v. 毀壞

28. **shrewd**[6] 〔 ʃrud 〕 adj.
    聰明的　　　　　　　⎤ 同
    <u>sharp</u>[1] 〔 ʃɑrp 〕 adj. 銳利的；　⎬ 義 字
    聰明的　　　　　　　⎦

29. **hike**[3] 〔 haɪk 〕 v. 健行
    <u>spike</u>[6] 〔 spaɪk 〕 n.
    大釘；長釘

spike

30. **reign**[5] 〔 ren 〕 n. 統治期間
    <u>sovereign</u>[5] 〔ˈsɑvrɪn 〕 n. 統治者
    <u>sovereignty</u>[6] 〔ˈsɑvrɪntɪ 〕 n.
    統治權

31. **fierce**[4] 〔 fɪrs 〕 adj. 兇猛的；
    激烈的
    <u>pierce</u>[6] 〔 pɪrs 〕 v. 刺穿

pierce

32. **stammer**⁶ (ˈstæmɚ) *n. v.*
口吃
<u>stutter</u>⁵ (ˈstʌtɚ) *n. v.* 口吃

同義字

33. **ordinary**² (ˈɔrdn̩ˌɛrɪ) *adj.*
普通的
<u>subordinate</u>⁶ (səˈbɔrdn̩ɪt)
adj. 下級的；次要的

34. **noun**⁴ (naʊn) *n.* 名詞
<u>renowned</u>⁶ (rɪˈnaʊnd) *adj.*
有名的

35. **fame**⁴ (fem) *n.* 名聲
<u>famine</u>⁶ (ˈfæmɪn) *n.* 饑荒

36. **manual**⁴ (ˈmænjʊəl) *n.* 手冊
<u>manipulate</u>⁶ (məˈnɪpjəˌlet)
v. 操縱；控制

37. **greet**² (grit) *v.* 問候；迎接
<u>discreet</u>⁶ (dɪˈskrit) *adj.*
謹慎的

38. **explode**³ (ɪkˈsplod) *v.* 爆炸
<u>exploit</u>⁶ (ɪkˈsplɔɪt) *v.* 開發；
利用；剝削

39. **recruit**⁶ (rɪˈkrut) *v.* 招募
<u>recruiter</u> (rɪˈkrutɚ) *n.* 招聘
人員

40. **tremble**³ (ˈtrɛmbl̩) *v.* 發抖
<u>tremor</u>⁶ (ˈtrɛmɚ) *n.* 微震

tremble

反覆不斷地唸英文，加深單字記憶。

1. steam[2]
   steamer[5,6]

2. stock[5,6]
   stocking[3]

3. success[2]
   successor[6]

4. symptom[6]
   symmetry[6]

5. tact[6]
   tactics[6]

6. trait[6]
   traitor[5]

7. urgent[4]
   urgency[6]

8. valid[6]
   validity[6]

9. Amy
   amiable[6]

10. analects[6]
    analogy[6]

11. average[3]
    beverage[6]

12. mischief[4]
    mischievous[6]

13. aboriginal[6]
    aborigine[6]

14. confront[5]
    confrontation[6]

15. negotiate[4]
    negotiation[6]

16. dense[4]
    density[6]

17. purse[2]
    disperse[6]

18. fine[1]
    finite[6]

19. weak[1]
    freak[6]

20. unavoidable
    inevitable[6]

21. cosmetic[6]
    cosmetics[6]

22. invent[2]
    inventory[6]

23. invest[4]
    investigate[3]
    investigator[6]

24. colonel[5]
    kernel[6]

25. length[2]
    lengthen[3]
    lengthy[6]

26. precise[4]
    precision[6]

27. savage[5]
    ravage[6]

28. shrewd[6]
    sharp[1]

29. hike[3]
    spike[6]

30. reign[5]
    sovereign[5]
    sovereignty[6]

31. fierce[4]
    pierce[6]

32. stammer[6]
    stutter[5]

33. ordinary[2]
    subordinate[6]

34. noun[4]
    renowned[6]

35. fame[4]
    famine[6]

36. manual[4]
    manipulate[6]

37. greet[2]
    discreet[6]

38. explode[3]
    exploit[6]

39. recruit[6]
    recruiter

40. tremble[3]
    tremor[6]

不斷地看中文唸英文，能夠專心，有助於做翻譯題。

1. 蒸氣
汽船；蒸籠

2. 股票；存貨
長襪

3. 成功
繼承者

4. 症狀
對稱

5. 機智
策略；戰術

6. 特點
叛徒

7. 迫切的
迫切

8. 有效的
效力

9. 艾咪
友善的

10. 文選
相似；類推

11. 平均（數）
飲料

12. 惡作劇
愛惡作劇的

13. 原始的
原住民

14. 面對；使面對
對立；衝突

15. 談判；協商
談判

16. 濃密的
密度

17. 錢包
驅散

18. 好的；罰款
有限的

19. 虛弱的
怪人

20. 難以避免的
不可避免的

21. 化妝用的
化妝品

22. 發明
存貨清單

23. 投資
調查
調查員

24. 上校
核心

25. 長度
加長
冗長的

26. 精確的
精確

27. 野蠻的
毀壞

28. 聰明的
銳利的

29. 健行
大釘；長釘

30. 統治期間
統治者
統治權

31. 兇猛的；激烈的
刺穿

32. 口吃
口吃

33. 普通的
下級的

34. 名詞
有名的

35. 名聲
饑荒

36. 手冊
操縱；控制

37. 問候；迎接
謹慎的

38. 爆炸
開發；利用

39. 招募
招聘人員

40. 發抖
微震

Unit 18 Exercise

※ 請根據上下文意，選出一個最正確的答案。

1. She was _____ with anger.

   (A) trembling   (B) exploiting

   (C) piercing   (D) recruiting   (　)

2. Unless we study hard, failure is _____.

   (A) finite   (B) dense

   (C) inevitable   (D) cosmetic   (　)

3. The cancer began to _____ his body.

   (A) invent   (B) investigate

   (C) ravage   (D) lengthen   (　)

4. There is no _____ between our respective problems.

   (A) analogy   (B) freak

   (C) kernel   (D) symptom   (　)

5. As with any _____, what matters is the desired outcome.

   (A) tremor   (B) aborigine

   (C) inventory   (D) negotiation   (　)

6. The formerly married couple had a surprisingly _____ divorce.

   (A) aboriginal   (B) amiable

   (C) precise   (D) shrewd   (　)

7. Shortly after midnight, the police ordered the crowds to _____.

    (A) stutter   (B) explode

    (C) disperse   (D) confront   (   )

8. Everyone can appreciate the beautiful _____ of a butterfly's wings.

    (A) stocking   (B) symmetry

    (C) urgency   (D) beverage   (   )

9. The immigrants were coming here in order to escape situations of war and _____.

    (A) fame   (B) sovereignty

    (C) precision   (D) famine   (   )

10. He studied language and how words are used to _____ people into doing things they ordinarily wouldn't do.

    (A) manipulate   (B) investigate

    (C) stammer   (D) invest   (   )

【答案】

1. (A)	2. (C)	3. (C)	4. (A)	5. (D)
6. (B)	7. (C)	8. (B)	9. (D)	10. (A)

INDEX · 索引

第 6 級單字輕鬆背

主　　　編／劉　毅

發　行　所／學習出版有限公司　　　☎ (02) 2704-5525

郵 撥 帳 號／05127272 學習出版社帳戶

登　記　證／局版台業 2179 號

印　刷　所／裕強彩色印刷有限公司

台 北 門 市／台北市許昌街 10 號 2 F　　☎ (02) 2331-4060

台灣總經銷／紅螞蟻圖書有限公司　　　☎ (02) 2795-3656

本公司網址　www.learnbook.com.tw

電 子 郵 件　learnbook@learnbook.com.tw

> 售價：新台幣一百八十元正

2017 年 10 月 15 日初版

4713269382454

1. 用會話背7000字① 書+CD 280元

將「高中常用7000字」融入日常生活會話，極短句，控制在5個字以內。以三句一組，容易背，背短句，比背單字還快。每句話都用得到，可以主動和外國人說。背完後，會說話、會寫作，更會考試。

2. 一分鐘背9個單字 書+CD 280元

顛覆傳統，一次背9個單字，把9個單字當作1個單字背，不斷熟背，變成直覺，就能終生不忘記，唯有不忘記，才能累積。利用相同字首、字尾編排，整理出規則，會唸就會拼，背單字變得超簡單。準確地鎖定「高中常用7000字」，用不到的、不考的字，不用浪費時間背。

3. 時速破百單字快速記憶 書 250元

7000字背誦法寶，用五種方法，以「一口氣」方法呈現，把7000字串聯起來，以發音為主軸，3字一組，9字一回，變成長期記憶。鎖定7000字，不超出7000字範圍。

4. 如何寫英文作文 書 250元

從頭到尾把英文作文該怎麼寫，敘述得一清二楚。從標題、主題句、推展句，到結尾句，非常完整。有最完整的轉承語，背了就有寫作文的衝動。

5. 7000字克漏字詳解 書 250元

保證7000字範圍，做克漏字測驗等於複習「高中常用7000字」。句子分析，一看就懂，對錯答案都有明確交代，翻譯、註釋樣樣齊全，不需要再查字典。Test 1～Test 5還有錄音QR碼，可跟著美籍老師唸，培養語感。

6.

7000字文意選填詳解　書250元

「文意選填」是近年大學入試必考的題型。本書取材自名校老師命題，每回測驗都在「劉毅英文」實際考過，效果極佳。有句子分析、翻譯及註釋，一看就懂。保證在7000字範圍內，每個單字都標明級數。

7.

7000字閱讀測驗詳解　書250元

符合大學入學考試的命題原則，具知識性、趣味性、教育性，和生活性。有翻譯及註釋，每個單字都註明級數。由淺至深編排，因為不必查字典，像是看小說一樣，越做越想做。保證在7000字範圍內，不會碰到考試不考、以後又用不到的單字。

8.

7000字學測試題詳解　書250元

精選6份完整的試題，按照大學入學考試新題型命題。每份試題附有翻譯和註釋，單字有標明級數，對錯答案都有明確交待。把這6份試題當作課本一樣熟讀，再做其他試題就簡單了。

9.

高中常用7000字解析【豪華版】　書390元

取材自大學入學考試中心新修編的「高中英文參考詞彙表」研究計劃報告，收錄的均是教育部公布的重要字彙，讓同學背得正確，迅速掌握方向，並有效用於考場上。重要字彙皆有例句，提供讀者八種不同的學習方式，包含記憶技巧、同反義字、常考片語、典型考題等。

10.

高中7000字測驗題庫　書180元

取材自大規模考試，每條題目都有詳細解答。做詞彙題能增加閱讀能力，只要詞彙題滿分，其他克漏字、文意選填、閱讀測驗、翻譯、作文，稍加努力，就能完全征服。

11. 文法寶典全集　書 990元

文法是語言的歸納，不完全的文法規則，反而會造成學習的障礙。這套書是提供讀者查閱的，深入淺出，會讓學生很高興。有了「文法寶典」，什麼文法難題都可以迎刃而解。

12. 一口氣背文法　書+CD 280元

文法規則無限多，沒人記得下來，只要背216句，就學完文法，利用背的句子可說出來，還可寫作文。郭雅惠博士說：「我很感恩，因為您發明的「一口氣背文法」，憑著那216句＋您的DVD＋我課前的準備，就可上課。」

13. 全真文法450題詳解　書 280元

文法題目出起來可不簡單，不小心就會出現二個答案，中國人出題造句，受到中文的影響，很容易出錯。這本書選擇大陸、日本和台灣各大規模考試，大型考試出題者比較慎重，再請三位美籍老師校對，對錯答案都有明確交代。

14. 一口氣考試英語　書+CD 280元

單教試題，題目無法應用在日常生活當中，同學學起來很枯燥，把試題變成會話，就精彩了。試題往往有教育性，用這些題目來編會話，是最佳的選擇。同學一面準備考試，一面學會話，進步速度才快

15. 一口氣背同義字寫作文…①　書+MP3 280元

英文有17萬多字，沒有人背得下來，背了同義字，對寫作文有幫助。每個Unit先背九句平常用得到的會話，如：Unit 1 The Way to Success（成功之道），先背 九個核心關鍵句。

16. 一口氣背7000字①~⑯合集　書990元

大考中心公佈的「高中英文常考字彙表」共6,369個字，也就是俗稱的「高中常用7000字」，我們按照「一口氣英語」的方式，三字一組來背，可快速增加單字。

17. 全真克漏字282題詳解　書280元

本書取材自大陸和日本大學入學試題，經過美籍權威教授Laura E. Stewart和本公司編輯Christian Adams仔細校對。書中每篇克漏字都有句子分析，對錯答案都有明確交代。另有劉毅老師親授「克漏字講座實況DVD」，同步學習，效果加倍。

18. 翻譯句型800　書280元

將複雜的英文文法濃縮成800個句子，同學可看著中文唸出英文，第二遍可看著中文默寫英文，也可在每一回Test中抽出一句練習。利用練習翻譯的機會，對閱讀能力、英文作文等也有幫助，一石多鳥。

19. 如何寫看圖英作文①　書180元

四張連環圖：採用「一口氣英語」方式，每一張圖片三句為一組，四張共12句，剛好120字左右。同學只要想到一張圖寫三句話，就會覺得輕鬆很多。兩張圖為一段，就可寫出漂亮的文章。

20. 如何寫看圖英作文②　書180元

一張圖片：以「一口氣英語」的方式，三句為一組，四組十二句，再以「人事時地物」為出發點，說明過去發生什麼事，現在情況如何，未來可能發生的情形，再說明你的看法即可。